융복합 시대의 교양 글쓰기

저자 소개

장미영
현 전주대학교 기초융합교육원 교수, 문학 박사.
주요 논저 『스토리텔링의 이해』, 『논술 지도』, 『21세기 대중취향과 미디어』 외 다수.

이수라
현 전주대학교 기초융합교육원 객원교수, 문학 박사.
주요 논저 『디지털 시대의 글쓰기』, 『다문화사회 바로서기』, 『색깔 있는 문화』 외 다수.

주경미
현 단국대학교 외국어대학 외래교수, 문학 박사.
주요 논저 『속해 독서법』, 『창의적 발상과 문화콘텐츠 작법』,
　　　　　『멀티미디어 시대의 전략적 글 읽기』 외 다수.

융복합 시대의 교양 글쓰기

초판 1쇄 발행 2015년 8월 28일
초판 2쇄 발행 2017년 2월 20일

지은이 장미영·이수라·주경미
펴낸이 최종숙
책임편집 이태곤 | 편집 권분옥 홍혜정 박윤정
디자인 안혜진 최기윤 홍성권 | 마케팅 박태훈 안현진 고나희 이승혜
펴낸곳 글누림출판사 | 등록 2005년 10월 5일 제303-2005-000038호
주소 서울시 서초구 동광로46길 6-6(반포4동 577-25) 문창빌딩 2층(우137-807)
전화 02-3409-2055(편집부), 2058(영업부) | 팩시밀리 02-3409-2059
전자우편 nurim3888@hanmail.net | 홈페이지 http://www.geulnurim.co.kr
ISBN 978-89-6327-318-1 93710

정가 16,000원

융복합 시대의
교양 글쓰기

장미영 · 이수라 · 주경미

글누림

미국의 액션 스릴러 영화 <리미트리스 Limitless>에는, 마땅한 아이디어가 떠오르지 않아 단 한 글자도 제대로 쓰질 못하고 있는 한 작가가 등장한다. 어느 날 이 작가는 인간의 뇌를 무제한 사용할 수 있다는 신약 한 알을 먹고 나서 이전의 찌질한 인생과는 180도 다른 인생 역전의 신세계를 맞이하게 된다. 그것은 달랑 알약 한 알로 자신의 능력 한계치를 훨씬 뛰어넘어 어디선가 읽고, 듣고, 봤던 게 척척 나오게 되었다는 꿈같은 이야기인데, 결과는 단 한 글자도 못쓰던 주인공이 순식간에 책을 한 권 뚝딱 만들어 내게 되었다는 것이다.

그런데 현실은 다르다. 전주 한옥마을에 위치해 있는 최명희문학관에 들어서면 최명희 작가의 육성이 나온다. "쓰지 않고 사는 사람은 얼마나 행복할까." 낭랑하게 들리는 작가의 말에 창작의 고통이 절절이 서려 있다. 한국문단의 거목 조정래 작가는 장편소설 <정글만리> 3권을 집필하는데, 준비기간만 10년이 넘었다고 한다. 법학자인 김두식 교수는 "고통스럽게 쓰되, 쉽게 읽혀야 한다"가 글쓰기 원칙이라고 말한다.

이처럼 글을 쓰는 일에는 고통이 수반된다. 그래서 혹자는 글쓰기를 산고에 비유하기도 한다. 글쓰기가 아기를 낳을 때 느끼는 고통과 맞먹는다는 말은 고통 뒤에 오는 지극한 희열을 염두에 둔 말이리라.

독일의 염세주의 철학자인 쇼펜하우어는 글을 쓰는 사람들을 세 종류로 분류한다. 첫 번째 부류는 사고하지 않고 글을 쓰는 사람들이다. 이들은 기억이나 추억을 바탕으로, 아니면 남의 책을 이용하여 글을 쓰는 사람들이다. 두 번째 부류는 글을 쓰면서 사고하는 사람들이다. 이들은 막연히 어떤 주제를 쓰려고 글을 쓰기 시작하는데 써나가는 도중에 생각이 나는 저자들이다. 마지막 세 번째 부류는 먼저 사고한 뒤 집필에 착수하는 사람들이다. 이들에게 글쓰기는 먼저 충분히 사고한 뒤 그 머릿속의 생각을 종이에 옮기는 작업일 뿐이다. 이 세 번째 부류의 작가들은 글 하나로 세상에 상당한 영향력을 끼칠 수 있는 사람들이다. 우리가 지향하는 글쓰기는 바로 이 세 번째 부류의 사람들을 닮아 있다.

인터넷 덕분에 누구나 자유롭게 글을 쓸 수 있게 된 오늘날, 세상에 어떤 식으로든 영향력을 끼칠만한 글쓰기는 무엇인가. 철학자 강신주 박사는 "니체의 위대함은 니체적인 글을 쓴 데 있고, 장자의 글은 장자적인 글을 쓴 데 있는 것처럼 나만이 쓸 수 있는 글을 써야 진짜 저자"라고 말한다. 나만의 글이란 순전히 나만이 겪고 느끼고 생각하는 정서라기보다 자신의 정서를 통해 상대의 정서를 이해하고, 그 가운데서 보편적인 공감대를 찾아가는 것이다.

이런 점에서 『논어』가 이야기하는 '서(恕)'는 글을 쓸 때 새겨보아야 할 가치이다. 공자는 '서(恕)'라는 가치를 "자기가 하고자 하지 않는 것을 남에게 베풀지 않는 것(己所不欲勿施於人)", "자기의 처지로부터 남을 유추해 내는 것(推己及人)"이라 말한다. 그래서 '서(恕)'는 자신으로부터 남에게 미치는 가치라는 점에서, 평생 동안 실천해야만 하는 가치라고 일컬어진다.

'감정'이란 지극히 개인적인 것이어서 '감정'에 따른 사고방식은 자칫 독선적이고 이기주의적인 삶의 태도로 이어질 수 있다. 따라서 진정한 글쓰기는 독선을 벗어나 상대와 공유될 수 있는 감정이 생기는 동시에 이기주의적인 태도를 떨치고 상대와의 공감대가 이루어질 수 있을 때 가능하다고 말할 수 있다.

이 책은 세상을 의미 있게 살려는 뜻을 품고 영향력 있는 글쓰기를 추구하는 대학생들을 위해 집필되었다. 자신의 내면에 대한 진정성 있는 성찰, 타인과 소통하고 공감하는 이타주의적 태도 수 천 년 전에 공자가 설파한 '서(恕)'의 가치를 오늘에 되살려보려는 취지가 이 책의 집필 의도이자 목적이다.

이 책은 총 2부 14장으로 구성되어 있다. 1부에서는 상대방과의 정확한 의사소통을 위해 기본적인 필요조건, 즉 한글맞춤법, 띄어쓰기, 표준어, 문법에 맞는 올바른 글쓰기를 익히고 훈련하는 데 비중을 두었다. 2부에서는 깊이 생각하고 신중하게 표현할 수 있는 여러 방법들을 모색했다. 중국 남송시대의 구양수가 설파했던 다독(多讀), 다작(多作), 다상량(多商量)이라는 삼다(三多)의 원칙으로부터 21세기 현대가 요구하는 실용적 글쓰기, 학술적 글쓰기, 예술적 글쓰기에 이르기까지 자신의 생각을 다양하게 표현하는 방법을 다루었다.

글은 자신의 현학을 뽐낸다거나 자신의 생각을 다른 사람에게 강요하는 도구가 아니다. 이 책은 글이 타인의 마음에 다가서는 효율적인 소통의 도구라는 것을 알게 해 줄 것이다.

이 책이 나오기까지 여러 분의 수고가 있었다. 먼저 이 책의 기획을 주선해주신 이용욱 교수님께 감사드린다. 그리고 선뜻 출판을 맡아주신 글누림출판사의 최종숙 대표님과 무더위에 게을러지지 않도록 필자들에게 격려를 아끼지 않았던 이태곤 편집장님께도 지면을 빌어 감사의 말씀을 올리고 싶다. 원고를 쓰고 교정을 보느라 밤잠을 못자고 수고한 필진들의 노고는 마음 깊이 새길 것이다. 이 책으로 공부한 학생들이 부디 좀 더 글을 잘 쓰게 되기를 희망하며.

맛과 멋의 고장 전주의 천잠산 자락 연구실에서
필진을 대표하여 장미영 씀.

제2부 사고와 표현

제 1 부

올바른 글쓰기

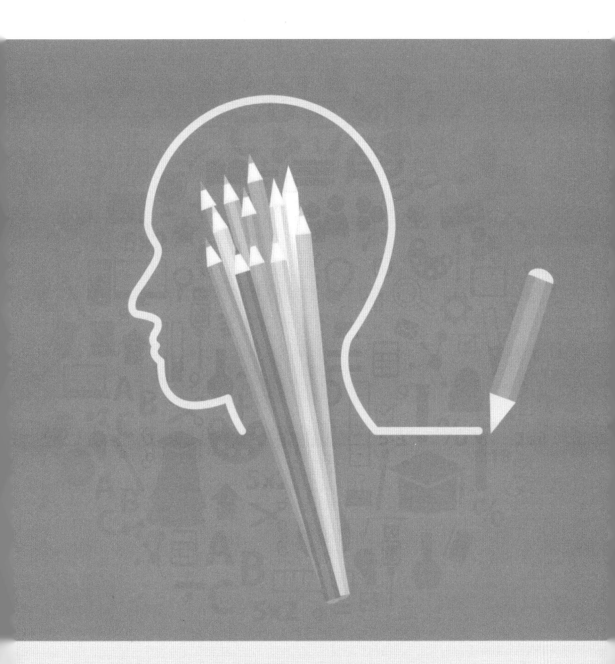

제1장

한글 맞춤법

문자는 본래 의사소통을 원활하게 하기 위해서 존재하는 것이다. 해마다 취업철이 되면 신문 기사에 흔히 나오는 이야기 중 하나는, 어문 규정에 오류가 많은 자기 소개서는 인사 담당관들이 쓰레기통에 던져 넣는다는 것이다. 사회생활에서 가장 중요한 것은 타인과의 의사소통이다. 그 의사소통을 가능하게 하는 가장 중요한 매개가 바로 말과 글이다. 따라서 의사소통의 매개인 말과 글에 관한 기본적인 능력이 없는 사람이라면, 함께 사회생활을 할 수 있을지에 대해 고민해 봐야 하는 것이 맞다. 그러므로 한글 맞춤법을 비롯한 어문 규정에 대한 지식은 정확한 의사소통을 위해서 기본적으로 갖추어야 하는 영역에 해당한다.

한글 맞춤법은 어문 규정 중에서는 비교적 쉬운 영역에 속한다고 할 수 있다. 어떤 표기가 맞는 것인지 혼란스러울 때는 국립국어원 표준국어대사전에서 검색을 해보면 그 결과를 쉽게 알 수 있기 때문이다.

최근에 인터넷 글쓰기가 일상화되면서 많이 보이는 현상 중 하나는, 이유 없이 예사소리를 된소리로 표기하는 일이다. 예를 들어, '갑짜기, 싹뚝'과 같은 것이다. '갑자기'가 맞는지 '갑짜기'가 맞는지 궁금하다면 국립국어원 표준국어대사전에서

'갑자기, 갑짜기'를 검색하여 그중에서 올바른 표기를 확인하면 된다. '갑짜기'를 검색하면 검색 결과가 0건인 것으로 확인된다. 그 다음 '갑자기'를 검색해 보면 다음과 같은 정보를 확인할 수 있다.

여기에는 표제어인 '갑자기'의 발음, 활용, 품사, 뜻풀이, 용례, 다른 어휘와의 의미 관계 등에 관한 정보가 담겨 있다. 이로써 '갑자기'와 '갑짜기' 중에서 '갑자기'가 맞는 표기이고, [갑짜기]는 '갑자기'의 발음 정보라는 사실을 확인할 수 있다.

표기의 오류를 줄이기 원한다면 사전 검색을 자주 하기를 추천한다. 우리 주변의 언어 환경은 오류가 넘쳐난다고 해도 과언이 아니다. 어떤 경우는 오류를 워낙 자주 접하다 보니 오히려 올바른 표기가 틀린 것처럼 느껴지기도 한다. 처음에는 귀찮기도 하겠지만 그래도 사전을 자주 검색해서 올바른 표기를 눈에 익히는 것이 좋다.

하지만 필요할 때마다 늘 사전을 검색해 보는 것은 비효율적일 뿐만 아니라 때로는 불가능한 일이므로 평소에 스스로를 자주 점검하여 반복적으로 틀리는 표기는 바로잡을 필요가 있다. 그러면 이제 한글 맞춤법에 대하여 알아보자.

한글 맞춤법 총칙에서는 다음과 같이 한글 맞춤법의 원칙을 밝히고 있다.

> 제1항 한글 맞춤법은 표준어를 **소리대로 적되, 어법에 맞도록** 함을 원칙
> 으로 한다.

한글 맞춤법 총칙의 제1항에서 밝히고 있는 바와 같이 한글 맞춤법은 표준어를 어떻게 적는가에 관한 규정이다. 표준어를 적을 때 어떤 단어는 '소리대로', 즉 말할 때 소리가 나는 대로 적고, 또 어떤 단어는 '어법에 맞도록', 즉 원래의 형태를 밝혀서 적는다. 한글 맞춤법의 규정은 매우 단순한 듯하지만, 바로 이 두 가지 원칙 '소리대로 적기'와 '어법에 맞게 적기' 때문에 어렵게 느껴지는 것이 사실이다. 어떤 것을 소리대로 적고, 어떤 것을 어법대로 적는지를 알고 있어야 한글 맞춤법에 어긋나지 않는 글쓰기를 할 수 있기 때문이다.

한글은 표음 문자이다. 따라서 우리글을 적을 때는 자음과 모음을 결합하여 소리대로 표기하는 것이 가장 기본적인 원칙이다. 그에 따라 표준어를 소리대로 적는 것은 매우 자연스러운 일이다. 이러한 원칙에 따라 우리는 '아버지, 어머니, 아들, 딸, 하늘, 바다, 강' 등으로 적는 것이다.

그렇다면 어떤 경우에 형태를 밝혀서 적어야 할까? 다음의 예에서 '꽃+조사' 부분만 가지고 이야기를 해 보자.

> ・나는 꽃이[꼬치] 좋다.　　・나는 꽃을[꼬츨] 좋아한다.
> ・나는 꽃만[꼰만] 좋아한다.　　・나는 꽃도[꼬또] 좋아한다.

우리가 위 문장의 '꽃+조사' 부분을 모두 소리가 나는 대로 쓴다고 가정해 보자.

[꼬치], [꼬츨], [꼰만], [꼬또]가 모두 '꽃'이라는 어휘에 조사를 결합하여 이루어진 어절이라고 쉽게 알아챌 수 있을까? '꽃이, 꽃을, 꽃만, 꽃도'라고 적었을 때보다 훨씬 더 많은 시간을 보내고 더 많은 노력을 기울여야 이것들이 모두 '꽃'이라는 동일한 형태소에서 출발한 것임을 인지할 수 있을 것이다. 그러므로 하나의 형태소는 동일하게 표기하는 것이 명확하고 정확한 의사소통에 더 효율적이다.

그러면 한글 맞춤법에서 어떤 것을 소리대로 적고, 어떤 것을 형태를 밝혀 적는지를, 일반적으로 잘 틀리는 어휘들을 중심으로 하여 알아보자.

(1) 소리에 관한 맞춤법

1) 된소리 표기하기

한 단어 안에서 뚜렷한 까닭 없이 나는 된소리는 다음 음절의 첫소리를 된소리로 적는다. 이는 한글 맞춤법 제5항의 내용이다. 이에 따라 두 모음 사이에서 나는 된소리, 즉 '소쩍새, 어깨, 오빠, 으뜸, 아끼다, 기쁘다, 깨끗하다, 어떠하다, 해쓱하다, 가끔' 따위는 된소리로 적어야 한다. 이와 같이 하나의 단어 안에서 나는 된소리는 다른 형태소의 영향을 받은 것이 아니라 원래부터 그러한 소리이기 때문에 된소리로 적는다. 또한 'ㄴ, ㄹ, ㅁ, ㅇ' 받침 뒤에서 나는 된소리도 된소리로 적는다. 이에 따라 '산뜻하다, 잔뜩, 살짝, 훨씬, 담뿍, 움찔, 몽땅, 엉뚱하다' 따위는 된소리로 적어야 한다. 이는 받침 'ㄴ, ㄹ, ㅁ, ㅇ'이 예사소리를 된소리로 만드는 데 필수적인 환경이 아니기 때문이다. 다시 말해, 받침 'ㄴ, ㄹ, ㅁ, ㅇ' 뒤에서는 어떤 경우는 된소리가 되고, 어떤 경우는 된소리로 나지 아니한다. 예를 들어 '잔가시, 잔가지, 잔돈, 잔병치레, 잔심부름, 잔주름' 따위는 '잔뜩'과는 달리 받침 'ㄴ' 뒤에 오는 예사소리가 된소리로 발음되지 않는다. 그러므로 된소리인 경우에는 그것이 된소리임을 밝혀 적어야만 의사소통에 문제가 발생하지 않는다.

다음의 경우들은 된소리로 표기하지 않도록 유의하자.

① 법석/법썩?

한글 맞춤법에서는 "'ㄱ, ㅂ' 받침 뒤에서 나는 된소리는, 같은 음절이나 비슷한 음절이 겹쳐 나는 경우가 아니면 된소리로 적지 아니한다."라고 밝히고 있다. 하나의 형태소 안에서라도 'ㄱ, ㅂ' 받침 뒤에서는 된소리되기가 규칙적으로 일어난다. 따라서 굳이 된소리로 적지 않더라도 받침 'ㄱ, ㅂ' 뒤에 오는 소리는 항상 된소리로 나는 것을, 한국어 화자라면 모두가 알기 때문에 된소리로 적지 않기로 한 것이다. 그러므로 '갑자기'를 '갑짜기'로 적는다거나 '법석'을 '법썩'으로 적는 실수를 하지 않도록 유의해야 한다. 따라서 '국수, 깍두기, 딱지, 색시, 싹둑(~싹둑), 법석, 갑자기, 몹시' 등으로 적어야 한다.

② 눈곱/눈꼽?

위에서 말한 '소쩍새, 어깨, 오빠, 살짝, 훨씬' 등은 하나의 형태소로 이루어진 말들이다. '눈곱'은 하나의 형태소가 아니라 '눈'과 '곱'이 결합하여 만들어진 복합 명사이다. '곱'은 '부스럼이나 헌데에 끼는 고름 모양의 물질.'이라는 의미의 명사이다. '눈곱'은 '눈에서 나오는 진득진득한 액. 또는 그것이 말라붙은 것.'이라는 의미의 복합 명사이다. 따라서 '눈'과 '곱'은 별개의 어휘들이므로 각각의 본래 형태를 살려서 '눈곱'이라 적고 [눈꼽]이라 읽는다. '눈살'도 '눈'과 '살'이 결합하여 '두 눈썹 사이에 잡히는 주름.'의 의미를 이룬 복합 명사이므로 본래 형태를 밝혀 '눈살'이라 적는다.

2) 두음 법칙 적용하여 적기

한글 맞춤법 제10항은 "'녀, 뇨, 뉴, 니'가 단어 첫머리에 올 적에는, 두음 법칙에 따라 '여, 요, 유, 이'로 적는다."라고 규정하였다. 따라서 '여자(女子), 연세(年歲), 요소(尿素), 유대(紐帶), 이토(泥土), 익명(匿名)' 따위가 맞는 표기이다. 다만, '냥(兩), 냥쭝(兩-), 년(年)' 따위는 본래 이러한 형태의 의존 명사로 그 앞말과 결합하여 하나의 의미 단위를 이루므로 이대로 적기로 한다.

두음 법칙과 관련하여 주의하여야 할 표기들은 다음과 같다.

① 남존여비(男尊女卑)/남존녀비?

한글 맞춤법에서는 "접두사처럼 쓰이는 한자가 붙어서 된 말이나 합성어에서, 뒷말의 첫소리가 'ㄴ' 소리로 나더라도 두음 법칙에 따라 적는다."라고 정하고 있다. 따라서 '신여성(新女性), 공염불(空念佛), 남존여비(男尊女卑)'는 각각 [신녀성], [공념불], [남존녀비]로 소리가 나더라도 'ㄴ'으로 적지 아니한다. 또한 흔히 '회계년도'로 표기하는데 이는 '회계 연도'가 맞다. '회계 연도'는 하나의 단어가 아니라 '회계'와 '연도'의 두 단어로 이루어진 구(句)이다. 따라서 '연도'에 두음 법칙을 적용하여 표기하는 것이 옳다. '결산 연도, 예산 연도, 출판 연도, 생산 연도, 생몰 연대' 등도 모두 마찬가지이다.

② 분열(分裂)/분렬, 성공률(成功率)/성공율?

'裂'과 '率'은 한자는 같지만 환경에 따라서 표기가 달라진다. 즉, 모음이나 'ㄴ' 받침 뒤에 이어지는 '裂, 率'은 '열, 율'로 적고, 그 외에는 '렬, 률'로 적는다. 따라서 '나열(羅列), 치열(齒列), 분열(分裂), 선열(先烈)', '규율(規律), 비율(比率), 성공률(成功率), 실패율(失敗率), 백분율(百分率)' 등이 맞는 표기이다.

③ 배기량/배기양, 투고란/투고난?

한자어 '量'과 '欄'은 앞말에 결합하는 단어의 종류에 따라 표기가 달라진다. 즉,

'量'과 '欄'은 앞말이 한자어일 때는 '량, 란'으로, 앞말이 고유어나 외래어일 때는 '양, 난'으로 적는다. 따라서 '배기량, 노동량, 작업량, 가정란, 투고란, 독자란', '일 양, 알칼리양, 어린이난, 가십난'이 맞는 표기이다.

3) 조사와 어미에 관한 맞춤법

한글 맞춤법은, 체언은 조사와 구별하여 적고, 용언의 어간과 어미도 구별하여 적 도록 규정하고 있다. 이러한 원칙에 따라 '체언+조사'를 적는 데에는 오류가 많이 보이지 않는다. 예를 들어, '밤이, 밤을, 밤에, 밤도, 밤만'이라고 적는 데에 오류를 보이는 사람은 거의 없다. 하지만 용언의 어간과 어미를 적을 때에는 많은 사람들 이 오류로 표기를 하는 경우들이 있다.

① 안녕히 가십시오/안녕히 가십시요?

어미 '-오'를 표준국어대사전에서 검색해 보면 다음과 같은 결과를 보여 준다.

「어미」
(('이다', '아니다'의 어간, 받침 없는 용언의 어간, 'ㄹ' 받침인 용언의 어간 또는 어미 '-으시-' 뒤에 붙어)) 하오할 자리에 쓰여, 설명 · 의문 · 명령의 뜻을 나타내는 종결 어미.
¶ 그대를 **사랑하오.**/건강은 건강할 때 지키는 것이 **중요하오.**/얼마나 심려가 **크시오?**/정말로 해직이 되는 **것이 오?**/부모님이 기다릴 테니 빨리 집으로 **돌아가오.**

위에서 보듯이 어미 '-오'는 한 문장의 말미에 오는 종결 어미이다. 따라서 문장 의 끝에 붙어 사용된다. 그러니까 '안녕히 가십시오. / 담배를 피우지 마십시오. / 쓰 레기를 버리지 마십시오.' 등에서와 같이 문장을 끝맺는 자리에서 사용된다.

그에 비해 어미 '-요'를 표준국어대사전에서 검색하면 다음과 같은 결과를 볼 수 있다.

「어미」

(('이다', '아니다'의 어간 뒤에 붙어))
어떤 사물이나 사실 따위를 열거할 때 쓰이는 연결 어미.
¶이것은 **말이요**, 그것은 **소요**, 저것은 돼지이다./우리는 친구가 **아니요**, 형제랍니다.

앞에서 보듯이 어미 '-요'는 문장과 문장을 연결하는 자리에 쓰인다. 따라서 한 문장이 완전히 끝나는 자리에는 쓰일 수가 없다. 그러니까 '안녕히 가십시오'는 올바른 문장이지만 '안녕히 가십시요.'는 표기가 잘못된 문장이다. '안녕히 가십시오'는 '안녕히 가세요.'로 써도 괜찮다.

② 갈게/갈께?

받침 'ㄹ' 뒤에 오는 예사소리는 된소리로 소리가 난다. 이 때문에 많은 사람들이 '갈께'와 같은 형태로 표기하는데 이는 잘못이다. '내가 지금 갈께.(×)'와 같이 문자를 써서 보내는 사람들이 많다. 하지만 이것은 '내가 지금 갈게.'와 같이 써야 한다. '-(으)ㄹ걸, -(으)ㄹ지, -(으)ㄹ지라도, -올시다, -(으)ㄹ수록'도 마찬가지이다. 그러니까 다음과 같이 써야 표기가 올바르다.

> 내가 지금 <u>갈게</u>.
> 내가 <u>갈걸</u>.
> 그녀가 <u>올지</u> 안 <u>올지</u> 알 수가 없다.
> 내일 지구가 <u>멸망할지라도</u> 나는 오늘 한 그루의 사과나무를 심겠다.
> 이건 내 구두가 <u>아니올시다</u>.
> 너를 사랑하면 <u>할수록</u> 나는 외롭다.

위에서 한 가지 더 유의할 사항은 어미 '-(으)ㄹ걸'의 띄어쓰기이다. '-(으)ㄹ걸'은 한 덩어리의 어미이므로 띄어 쓰지 않도록 주의한다. 따라서 '내가 갈걸.'로 쓰는 것이 올바르다. 이에 비해 '내가 갈 걸로 생각했어?'에서 '갈 걸로'는 '갈 것으로'가 축약된 형태이므로 붙여 쓰지 않도록 해야 한다.

또한 위의 어미들과는 달리 어미 '-(으)ㄹ까?, -(으)ㅂ니까?, -(으)리까?'는 된소리로 표기하는 것이 옳다. 이 어미들은 모두 문장의 맨 끝에서 상대에게 묻거나 반문하는 기능을 한다. 따라서 '저녁에 뭐 먹을까? / 이메일을 보냈습니까? / 그럼, 제가 그 서류를 작성하리까?' 등으로 써야 한다.

4) 파생어와 합성어에 관한 맞춤법

① 줄어듦/줄어듬?

'ㅡ(으)ㅁ'은 용언의 어간과 결합하여 명사를 파생시키는 명사 파생 접미사이다. 앞말에 받침이 있으면 '음'을, 받침이 없으면 'ㅁ'을 붙여야 한다.

공사를 하고 있거나 임시로 개통한 도로를 가다 보면 차선이나 도로의 폭이 줄어든다는 알림판을 발견할 수 있다. 그 표지판에서 가끔 '도로 줄어듬'이라는 표기가 보인다. 이는 '줄어듦'으로 수정해야 한다. '줄어듦'은 '줄어들다'라는 동사의 어간에 명사 파생 접미사 'ㅡ(으)ㅁ'이 결합하여 이루어진 형태이다. 즉 '줄어들'은 받침 'ㄹ'이 있으므로 'ㅁ'을 결합한 것이 원래 형태이므로 '줄어듦'으로 쓰는 것이 맞다.

이러한 혼란은 아마도 '걸음, 얼음' 따위와 같은 명사들이 이미 쓰이고 있기 때문에 비롯되었을 것이다. '걸음, 얼음' 등은 이미 명사로 굳어져서 사용하는 어휘들이다. '걸음, 얼음' 등은 '걷다, 얼다'라는 동사가 가지고 있는 동작의 의미는 약해지고, '걸음'은 '두 발을 번갈아 옮겨 놓는 동작.' 따위의 의미로, '얼음'은 '물이 얼어서 굳어진 물질.' 따위의 의미로 사용되고 있다. 또한 '노름'은 '놀다'의 어간에 명사형 어미가 결합되어 파생된 단어이지만, 이미 '놀다'의 의미와는 완전히 멀어져서 '도박'의 의미로 굳어졌으므로, 소리 나는 대로 쓴다.

그에 비해 '줄어듦, 만듦, 졺' 등은 각각 '줄어들다, 만들다, 졸다' 등의 동작성 의미가 강해서 이미 명사로 굳어진 것으로 보기는 어렵다. '줄어듦, 만듦, 졺' 등은 그 문장 안에서 잠시 동안만 명사처럼 사용되고 있을 뿐 품사 자체가 변화된 것은 아니다. 따라서 원래의 형태를 밝혀서 적어야 한다.

② 깨끗이/깨끗히?

접미사가 붙어서 된 말의 표기에서 가장 오류가 많은 것은 한글 맞춤법 제25항과 관련되어 있다. 한글 맞춤법 제25항은 "'-하다'가 붙는 어근에 '-히'나 '-이'가 붙어서 부사가 되거나, 부사에 '-이'가 붙어서 뜻을 더하는 경우에는 그 어근이나 부사의 원형을 밝히어 적는다."라고 정하고 있다. 여기서 부사에 '-이'가 붙어서 뜻을 더하는 경우는 원형을 밝혀서 적으면 되기 때문에 그리 어렵지 않다. 이에 따라 '더욱이, 생긋이, 오뚝이, 일찍이, 해죽이' 등으로 원형을 밝혀서 적으면 된다. 또한 '가볍다, 쉽다'와 같은 'ㅂ불규칙 용언'들은 '가벼이, 쉬이'와 같은 형태로 음운 변화를 반영하여 적으면 된다. 같은 말이 반복되어 형성된 첩어들로 부사를 만드는 경우도 '-이'를 붙여 쓰면 된다. 즉, '일일이, 틈틈이, 곰곰이, 나날이, 점점이' 등으로 쓰면 된다. 그리고 '-하다'가 붙지 않는 용언의 어간 뒤에도 '-이'를 붙여 '같이, 굳이' 등으로 쓰면 된다.

그에 반해 '-하다'가 붙는 어근에 '-히'나 '-이'가 붙어서 부사가 되는 어휘들은 어떤 경우는 '-히'로 쓰고, 어떤 경우는 '-이'로 써야 하기 때문에 혼란을 겪게 된다. 이때 앞말이 'ㅅ'으로 끝나는 용언들은 '-이'를 받쳐 적는다. 따라서 '깨끗이, 버젓이, 지긋이, 반듯이' 등이 맞는 표기이다. 여기서 '지긋이, 반듯이'는 '지그시, 반드시'와 구분해서 사용해야 한다. '지긋이, 반듯이'는 '지긋하게, 반듯하게'로 바꿔 쓸 수 있다. 하지만 '지그시, 반드시'는 그럴 수가 없다. '-하다'가 붙는 어근 중에서 앞말이 'ㅅ'으로 끝나지 않는 용언들은 '-히'를 붙여 쓰면 된다. 따라서 '꾸준히, 막연히, 가득히, 가뿐히, 아득히, 솔직히, 꼼꼼히, 쓸쓸히' 등으로 적으면 된다.

특히 '번번이, 번번히'는 표기에 유의해야 한다. '번번이'는 '번(番)'이 겹쳐 이루어진 말에서 파생된 부사이므로 '번번이'로 써야 한다. 하지만 '번번히'는 '번번하다'에서 파생되어 '구김살이나 울퉁불퉁한 데가 없이 편편하고 번듯하게' 등의 의미를 가진 부사이므로 '번번히'로 적어야 한다.

③ 아무튼/아뭏든?

다음의 부사들은 그 형태가 굳어진 것들이어서 원래의 형태와 상관없이 고쳐 적기로 하였다. 특히 '아무튼, 하여튼'은 '아뭏든, 하옇든'으로 적지 않도록, '하마터면'

은 '하마트면'으로 쓰지 않도록 유의한다.

결단코   결코   기필코   무심코 아무튼 요컨대
정녕코   필연코 하마터면 하여튼 한사코

5) 준말에 관한 맞춤법

① 됐어/됬어?

일반적으로 가장 많이 틀리는 맞춤법을 꼽을 때 항상 빠지지 않는 항목이 바로 '되다'와 관련된 표기이다. 정답부터 말하자면 '됐어'가 맞는 표기이다. '됐어'는 '되+었+어'가 줄어든 형태이기 때문이다. 우리가 '되'와 '돼'의 표기에서 흔히 오류를 보이는 이유는 일반적으로 '외'와 '왜', '웨'를 같은 발음으로 말하기 때문이다. 표준 발음법에서는 이러한 현상이 일반화된 것을 수용하여 '되다'의 경우 [되다/돼다] 둘 다를 표준 발음으로 인정하고 있다. 하지만 표기에서는 둘을 혼동하여서는 안 된다. 따라서 다음과 같이 표기하는 것이 옳다.

그의 딸은 커서 연예인이 <u>되겠다</u>고 하였다.
그의 딸은 커서 연예인이 <u>되었다</u>./<u>됐다</u>.
이제 다 <u>되었어</u>./<u>됐어</u>.
다 <u>되었거든</u>/<u>됐거든</u>
회의 준비가 다 <u>되었습니다</u>.
지금은 안 <u>돼</u>.

이와 마찬가지로 다음의 표기들에도 유의하자.

명절은 어디에서 쇠어요?/쇄요?

이번 추석은 고향에서 쇠었어요/쉈어요.

지난 스승의 날에 고등학교 때 선생님을 뵈었어요/뵀어요.

다음에 뵈어요/봬요.

턱을 괴어요/괘요.

무너지지 않도록 돌로 잘 괴었어요/괬어요.

② 왠지/웬지?

'왠/웬'과 관련된 어휘들의 표기 역시 '돼'의 표기와 같은 이유로 유사한 오류를 보이는 항목이므로 여기에서 함께 살펴보기로 하자. '왠지'의 표기 또한 일반적으로 '왜'와 '웨'의 발음을 구분하지 못하기 때문에 오류를 자주 보이는 항목이다. 대부분의 사람들은 '애'와 '에' 소리를 구분하지 못하며, '예'를 '에'로 발음하는 경향이 있다. 그러다 보니 '연애'와 '연예인'의 표기에서도 틀리는 사례가 많이 보인다.

'왠지'는 '왜+인지'가 줄어든 말이어서 '왠지'로 쓰는 것이 맞다. 하지만 '웬일, 웬걸, 웬만하다', '웬 사람, 웬 떡' 등은 관형사 '웬'과 관련된 어휘들이므로 '왠'으로 쓰지 않도록 유의해야 한다. '웬'은 띄어쓰기에도 유의하자.

③ 생각지/생각치?

한글 맞춤법 제40항은 "어간의 끝음절 '하'의 'ㅏ'가 줄고 'ㅎ'이 다음 음절의 첫소리와 어울려 거센소리로 될 적에는 거센소리로 적는다."라고 규정하고 있다. 따라서 다음과 같이 적으면 된다.

본말	준말	준말	본말
간편하게	간편케	정결하다	정결타
다정하다	다정타	가하다	가타
연구하도록	연구토록	흔하다	흔타

그런데 '생각지'의 경우는 '하게'가 '케'로 축약된 것이 아니라 '하'가 아주 준 경우에 해당한다. 이처럼 '하'의 탈락은 주로 앞말이 'ㄱ, ㄷ, ㅂ, ㅅ'으로 끝날 때 발생한다. 따라서 이런 경우에는 아래와 같이 적는다.

본말	준말	준말	본말
거북하지	거북지	넉넉하지	넉넉지
생각하건대	생각건대	못하지	못지
생각하다	생각다	섭섭하지	섭섭지
깨끗하지	깨끗지	익숙하지	익숙지

6) 사이시옷과 관련된 표기들

① 장밋빛/장미빛, 핑크빛/핑큿빛, 인사말/인삿말?

한글 맞춤법 제30항은 사이시옷에 관한 규정이다. 이 규정에 따라 우리말 합성어, 순 우리말+한자어 합성어로, 앞말이 모음으로 끝나고 발음상의 변화가 있을 때 사이시옷을 받치어 적는다. 그 각각의 경우를 예로 들면 다음과 같다.

뒷말의 첫소리가 된소리로 나는 것	고랫재, 귓밥, 나룻배, 나뭇가지, 냇가, 댓가지, 뒷갈망, 맷돌, 머릿기름, 모깃불, 못자리, 바닷가, 뱃길, 볏가리, 부싯돌, 선

	짓국, 쇳조각, 아랫집, 가겟집, 우렁잇속, 잇자국, 잿더미, 조갯살, 찻집, 쳇바퀴, 킷값, 핏대, 햇볕, 혓바늘, 기댓값, 귓병, 머릿방, 뱃병, 봇둑, 사잣밥, 샛강, 아랫방, 자릿세, 전셋집, 찻잔, 찻종, 촛국, 콧병, 탯줄, 텃세, 핏기, 햇수, 횟가루, 횟배, 장밋빛
뒷말의 첫소리 'ㄴ, ㅁ' 앞에서 'ㄴ' 소리가 덧나는 것	멧나물, 아랫니, 텃마당, 아랫마을, 뒷머리, 잇몸, 깻묵, 냇물, 빗물, 갯날, 제삿날, 훗날, 툇마루, 양칫물
뒷말의 첫소리 모음 앞에서 'ㄴㄴ' 소리가 덧나는 것	도리깻열, 뒷윷, 두렛일, 뒷일, 뒷입맛, 베갯잇, 욧잇, 깻잎, 나뭇잎, 댓잎, 가욋일, 사삿일, 예삿일, 훗일

'빛'은 일부 명사 뒤에 붙어 '빛깔'의 뜻을 나타내는 말로, 그럴 경우 발음은 [삗]으로 난다. 따라서 '장미'와 '빛'이 결합하면 그 발음은 [장미삗/장믿삗]으로 난다. 그러므로 '장밋빛'이 맞는 표기이다. '구릿빛, 대춧빛, 도홧빛, 보랏빛, 비췻빛, 연둣빛, 우윳빛' 등으로 적는 것이 올바른 표기이다. 이와 마찬가지로 '고유어 명사+국'으로 이루어진 합성어들도 모두 사이시옷을 받치어 적어야 한다. 따라서 '고깃국, 순댓국, 만둣국, 뭇국, 북엇국, 시래깃국' 등으로 적는 것이 올바른 표기이다.

이와는 달리 '핑크빛'은 사이시옷을 받치어 적지 아니하도록 유의한다. 왜냐하면 외래어가 포함된 합성어는 뒤에 오는 말이 된소리로 소리가 난다 하더라도 사이시옷을 받치어 적지 아니하기 때문이다. 마찬가지로 '피자집'은 뒤에 오는 말이 된소리로 소리가 난다 하더라도 외래어가 포함된 합성어이므로 사이시옷을 표기하지 않는다.

위에서 살펴본 바와 같이 사이시옷은 발음을 표기에 반영한다. 이때 발음은 물론 표준 발음을 의미한다. 사이시옷에 관한 규정이 어렵게 느껴지고, 많은 사람들이 사이시옷과 관련된 표기에서 오류를 범하는 이유가 바로 여기에 있다. 예를 들어 '인사말'이 맞는 표기인지, '인삿말'이 맞는 표기인지 혼란스러워하는 사람들은 아마도 표준 발음인 [인사말] 대신 [인산말]로 발음하고 있을 것이다. 따라서 사이시옷과 관련된 표기를 정확하게 하기 위해서는 비표준 발음을 표준 발음으로 교정하려는 노력을 함께 해야 한다.

② 전세방/전셋방?

앞에서 살펴본 바와 같이 사이시옷은 고유어+고유어, 고유어+한자어, 한자어+고유어일 때에만 받치어 적는다. 한자어+한자어이거나 외래어가 포함된 합성어는 사이시옷을 받치어 적지 아니한다. 다만, '곳간, 셋방, 숫자, 찻간, 툇간, 횟수'의 여섯 개 한자어에는 사이시옷을 받치어 적도록 한다.

'전세방(傳貰房)'의 경우는 '전세(傳貰)+방(房)'으로 한자어+한자어의 결합이다. 따라서 이때는 사이시옷을 받치어 적을 수 없다.

③ 위층/윗층?

사이시옷은 합성어의 뒷말이 단일어일 때와 발음이 달라졌을 경우에 받치어 적는 것이므로, 본래 거센소리이거나 된소리로 이루어진 단어에는 사이시옷을 바치어 적을 수 없다. 따라서 다음의 표기들에 오류를 범하지 않도록 유의하자.

피똥	위쪽	위층	낚시찌	낚시터	낚시꾼
가래꾼	나무꾼	뒤풀이	뒤뜰	뒤쪽	뒤편

연습 문제

5. 다음을 맞게 고치세요.

　삼짓날 (　　　　　)　　　반짓고리 (　　　　　)

　젇가락 (　　　　　)　　　걸핀하면 (　　　　　)

6. 위 5번에 쓴 어휘들을 활용하여 문장을 만들어 보세요.

〈예시〉

삼짇날 → 삼짇날이란 음력 삼월 초사흗날을 뜻하며, 예로부터 강남 갔던 제비도 돌
　　　　아오는 날이라 하였다.

젓가락 → 외국 사람들은 한국의 어린이들이 젓가락으로 콩을 집는 모습을 경이롭게
　　　　바라본다.

7. 위에서 이야기한 어휘들을 활용하여 자유로운 주제로 짧은 글을 써 보세요.

8. 7번에 쓴 글을 다른 사람과 바꿔 읽고, 한글 맞춤법의 오류가 있다면 수정해 보세요.

제2장
띄어쓰기

어문 규정에서 띄어쓰기에 관련된 내용은 한글 맞춤법에 포함되어 있다. 한글 맞춤법 제41항에는 우리말의 띄어쓰기에 관한 규정이 나와 있다.

> 제41항 조사는 그 앞말에 붙여 쓴다.

한글 맞춤법 제41항만 보면 띄어쓰기는 매우 단순한 것처럼 보인다. 다른 품사들은 모두 띄어서 쓰고 조사만 그 앞에 있는 말에 붙여 쓰면 된다고 규정하고 있기 때문이다. 하지만 글을 쓸 때 우리를 가장 많이 괴롭히는 것은 아마도 띄어쓰기일 것이다. 지금 자신이 쓰고 있는 글이 한글 맞춤법이나 표준어 규정 따위에 어긋나지 않는지를 확인하고 싶을 때는 표준국어대사전을 검색하면 거의 모두 해답을 얻을 수 있다. 하지만 띄어쓰기는 그렇게 되지를 않는다. 띄어쓰기에서 아무런 오류를 범하지 않고 정확한 글쓰기를 하려면 한국어 문법에 대한 지식이 조금은 필요하다. 왜냐하면 지금 자신이 쓰고 있는 어휘가 조사인지 아닌지를 판단할 수 있어야 하기 때문이다.

다음에서 볼 수 있듯이 모든 조사는 그 앞말에 붙여 써야 한다. 조사와 조사가 나란히 올 때도 그 조사들은 모두 붙여 써야 한다.

꽃이	꽃을	꽃도	꽃마저	꽃밖에	꽃에서부터
꽃으로만	꽃이나마	꽃이다	꽃입니다	꽃으로도	꽃치고는

위에 쓰인 어휘들은 '꽃'을 제외하고는 모두 조사이다. '꽃'의 뒤에 온 '-이, -을, -도' 정도는 이것들이 조사라는 사실을 쉽게 인지할 수 있어서 띄어쓰기가 어렵지 않다. 하지만 다른 조사들은 이것이 조사인지 명사인지 구분하기 어려워하는 사람들이 더러 있다. 때로는 조사를 부사로 잘못 알고 있기도 하다. 어떤 경우는 동일한 형태의 어휘가 조사이기도 하고 명사이기도 해서 띄어쓰기는 더 어렵게 느껴진다. 그렇기 때문에 띄어쓰기는 한국어에 대한 문법 지식이 있어야 쉬워질 수 있다. 이때 말하는 한국어 문법 지식은 우리가 중학교와 고등학교 때 배웠던 정도면 충분하니까 걱정하지 않아도 된다.

그러면 여기에서는 많은 사람들이 자주 틀리는 어휘들을 중심으로 하여 띄어쓰기에 대해 알아보자. 아래에 쓰인 예문들은 대부분 표준국어대사전의 용례에서 가져온 것임을 밝혀 둔다.

① 아는 것/아는것?

한글 맞춤법 제42항은 의존 명사는 띄어 쓴다고 규정하고 있다. 표준국어대사전을 보면 의존 명사는 "의미가 형식적이어서 다른 말 아래에 기대어 쓰이는 명사. '것', '따름', '뿐', '데' 따위가 있다."라고 정의되어 있다. 이처럼 의존 명사는 의미적인 독립성이 없다 보니 명확하게 명사로 인지되지 않을 때가 많다. 또한 어떤 의존 명사는 형태가 명사와 같기도 하고 어미의 일부와 동일하기도 하다. 그러다 보니 의존 명사의 띄어쓰기는 글을 쓰는 사람을 많이 괴롭히는 항목이기도 하다.

다음은 의존 명사이므로 문장 안에서 앞말과 띄어 써야 한다.

> 너는 웃는 **것**이 예쁘다.　　그 소리를 들으니 그저 기쁠 **따름**이다.
> 살다 보면 그럴 **수**도 있지.　　모든 사람이 말하는 **이**를 바라보았다.
> 합격하고 못 하고는 네가 열심히 하기 **나름**이다.
> 나는 내 **나름**대로 일을 하겠다.

다음은 형태는 같지만 문장 안에서 기능이 다르므로 띄어쓰기에 유의해야 한다. 먼저 형태가 같은 의존 명사와 조사이다.

	의존 명사	조사
뿐	모두들 구경만 할 **뿐** 누구 하나 거드는 이가 없었다.	이제 믿을 것은 오직 실력**뿐**이다. 그는 가족들에게**뿐만** 아니라 이웃들에게도 언제나 웃는 얼굴로 대했다. 그해 여름은 몹시 더웠다. 그**뿐만** 아니라 전염병까지 돌았다.
대로	시키는 **대로** 해. 내일 동이 트는 **대로** 떠나겠다. 몸이 약해질 **대로** 약해졌어.	처벌하려면 법**대로** 해라. 너는 너**대로** 나는 나**대로** 서로 상관 말고 살자.
만	집을 나간 지 사흘 **만**에 돌아왔다.	나는 너**만** 있으면 돼.
만큼	노력한 **만큼** 대가를 얻는다. 까다롭게 검사하는 **만큼** 준비를 철저히 해야 한다.	집을 대궐**만큼** 크게 지었다. 나도 당신**만큼**은 할 수 있다.

위에서 보듯이 어떤 의존 명사는 그 형태가 조사와 동일하다. 그렇다 보니 띄어

쓰기에서 오류를 보이는 경우가 많다. 특히, '뿐'의 경우 '뿐만 아니라'의 형태로 문장의 제일 앞에 놓이는 오류가 자주 발견된다. '뿐만 아니라'는 '뿐(의존 명사)+만(조사)+아니라(형용사)'로 이루어져 있으므로 문장의 제일 앞에 놓일 수가 없다. 따라서 '그뿐만 아니라, 이뿐만 아니라, 그 사람뿐만 아니라' 따위와 같이 써야 한다.

다음은 의존 명사와, 어미나 어미의 일부가 의존 명사와 형태가 같은 경우들이다.

	의존 명사	어미
데	ⓐ지금 가는 **데**가 어디인데? ⓑ그 책을 다 읽는 **데** 삼 일이 걸렸다. ⓒ이건 머리 아픈 **데** 먹는 약이야.	그 친구는 아들만 둘이**데**. = 그 친구는 아들만 둘이더라.
바	ⓐ평소에 느낀 **바**를 말해라. ⓑ그는 어찌할 **바**를 몰랐다.	내가 서류를 검토하였는**바** 몇 가지 미비한 사항이 발견되었다.
지	집을 떠나온 **지** 어언 3년이 지났다.	내가 가도 되는**지** 모르겠어. 지금 갈**지** 말**지** 고민하고 있어.
듯	잠을 잔 **듯** 만 **듯** 정신이 하나도 없다.	땀이 비 오**듯** 쏟아졌다.

위와 같이 어떤 의존 명사는 어미의 일부와 그 형태가 같아서 띄어쓰기에 혼란을 느끼는 일이 많다. 특히 '데'는 일상적으로 오류가 많이 보이기도 하고 한글 프로그램에서도 오류를 확인하기가 어려운 항목이다. 의존 명사 '데'는 문장 ⓐ에서는 명사 '곳'과, 문장 ⓑ에서는 명사 '일'과, 문장 ⓒ에서는 명사 '경우'와 바꿔 쓸 수 있다. 이처럼 의존 명사는 다른 명사와 바꾸어서 문장을 완성하는 것이 가능하다.

다음은 형태는 같지만 의존 명사와 접미사로, 문장 안에서 그 기능이 다른 경우이다.

	의존 명사	접미사
님	홍길동 **님**께서 오셨습니다.	오늘은 구름이 많아서 해**님**을 볼 수가 없다.

간	서울과 부산 **간** 야간열차. 부모와 자식 **간**에도 예의를 지켜야 한다. 공부를 하든지 운동을 하든지 **간**에 열심히만 해라. [예외] 부부간, 부자간, 형제간	이틀**간**/한 달**간**/삼십 일**간**. 대장**간**/외양**간**.
차	그들은 선생님 댁을 수십 **차** 방문했다. 잠이 막 들려던 **차**에 전화가 왔다. 결혼 10년 **차**에 내 집을 장만했다.	오랜만에 인사**차** 선생님께 들렀다. 그는 지난달에 사업**차** 외국으로 떠났다. 연구**차** 미국에 갔던 친구가 돌아왔다.

　의존 명사 '님'은 '그 사람을 높여 이르는 말.'이다. 접미사 '-님'은 '사장님, 총장님'처럼 직위나 신분을 나타내는 일부 명사 뒤에 붙어서 '높임'의 뜻을 더하거나, '해님, 달님, 토끼님'과 같이 사람이 아닌 일부 명사 뒤에 붙어 '그 대상을 인격화하여 높임'의 뜻을 더하거나, '공자님, 부처님, 예수님'처럼 옛 성인이나 신격화된 인물의 이름 뒤에 붙어 '그 대상을 높이고 존경의 뜻'을 더하는 접미사이다. 또한 '해님'의 경우는 '햇님'으로 쓰지 않도록 유의하자. '간'은 기간이나 공간을 나타내는 의존 명사일 때에는 띄어 써야 하지만, '부부간, 부자간, 형제간'처럼 하나의 단어로 굳어졌을 때에는 붙여 써야 하므로 주의해야 한다. 이처럼 하나의 단어로 굳어진 경우에는 표준국어대사전에 표제어로 등재되어 있으므로 검색하여 확인해 보면 된다.

② 열 살/열살?

　한글 맞춤법 제43항은 단위를 나타내는 명사는 띄어 쓰도록 정하고 있다. 따라서 '열 살'로 띄어 쓰는 것이 맞다. 다음의 단위 명사도 띄어쓰기에 유의하자.

한 개	차 한 대	소 한 마리	옷 한 벌	연필 한 자루
조기 한 손	집 한 채	신 두 켤레	북어 한 쾌	쌀 한 말

하지만 순서를 나타내는 경우와 숫자와 어울리어 쓰이는 경우에는 붙여 쓸 수 있으므로 주의해야 한다. '두시 삼십분 오초, 제이십회, 삼학년, 육층, 10개' 등과 같이 쓰면 된다. 이때 '제이십회'를 '제 이십회'로 띄어 쓰지 않도록 유의해야 한다. '제-'는 '그 숫자에 해당되는 차례'의 뜻을 더하는 접두사이기 때문에 그 뒤에 오는 숫자와 붙여 써야 한다. 그러므로 '제이 차 세계 대전, 제일 차 경제 개발 오 개년 계획' 등으로 쓰는 것이 올바르다. 하지만 '제일차'는 명사로서 '여럿 가운데서 으뜸인 것이나 주요하고 근본적인 것'을 뜻하므로 이 경우는 '제일차 목표'와 같이 붙여 써야 한다.

③ 비가 올 성싶다/비가 올성싶다

한글 맞춤법 제47항은 보조 용언은 띄어 씀을 원칙으로 하되, 경우에 따라 붙여 씀도 허용하고 있다. 이에 따라 '비가 올 성싶다.'는 원칙이고, '비가 올성싶다.'는 허용이므로 두 문장 중 어느 쪽으로 쓰더라도 괜찮다. 이 밖에도 '듯하다, 만하다, 법하다, 척하다, 양하다, 체하다, 뻔하다' 따위의 띄어쓰기를 어려워하는데, 이는 모두 그 앞에 있는 본 용언과 붙여 써도 된다. 다만, 의존 명사 뒤에 조사가 붙거나 본 용언과 보조 용언 사이에 조사가 붙는 경우에는 붙여 쓰지 않는다.

비가 올 듯하다.	비가 올듯하다.	비가 올 듯도 하다.
비가 올 만하다.	비가 올만하다.	비가 올 만도 하다.
눈이 내릴 법하다.	눈이 내릴법하다.	눈이 내릴 법도 하다.
그가 모르는 척한다.	그가 모르는척한다.	그가 모르는 척만 한다.
그는 얼이 빠진 양한다.	그는 얼이 빠진양한다.	그는 얼이 빠진 양만 한다.
알고도 모르는 체한다.	알고도 모르는체한다.	알고도 모르는 체를 한다.

참고로, 명사 '알은척, 알은체', 동사 '알은척하다, 알은체하다'는 하나의 단어이므

로 띄어 쓰지 않도록 유의한다. 따라서 '친구가 먼저 나에게 알은척했다. / 남의 일에 함부로 알은체하지 마라.'와 같이 써야 한다.

또한 앞말이 합성 동사인 경우에는 본 용언과 보조 용언을 띄어 쓰도록 한다. 세 개의 동사를 붙여 쓰게 되면 하나의 의미 단위가 너무 길어지기 때문이다. 따라서 '강물이 흘러내려 왔다.'와 같이 본 용언과 보조 용언을 띄어 쓴다.

④ 이순신 장군/이순신장군?

한글 맞춤법 제48항은 '성과 이름, 성과 호 등은 붙여 쓰고, 이에 덧붙는 호칭어, 관직명 등은 띄어 쓴다.'라고 밝히고 있다. 아직도 성과 이름을 띄어 쓰거나, 성+이름 뒤에 호칭어, 관직명을 붙여 쓰는 것을 많이 볼 수 있는데 그런 실수를 하지 않도록 해야 한다.

다음과 같이 쓰는 것이 올바른 표기이다.

이순신	이충무공	충무공 이순신
충무공 이순신 장군	충무공 이순신 장군님	

다만, 성이 두 글자여서 이를 명확하게 밝히고 싶을 때에는 성과 이름을 띄어 쓸 수 있다. 따라서 '남궁억/남궁 억' 모두 맞는 표기이다. 또한 성과 이름 중에서 하나만 취하여 그 뒤에 호칭어나 관직명을 붙일 때에는 반드시 띄어 써야 한다. '김 씨, 김 선생, 김 여사, 길동 씨, 길동 선생, 길순 여사' 따위로 쓰는 것이 옳다.

고유어와 한자어에 '왕(王)'이 붙을 경우에는 붙여 쓴다. '의자왕, 진흥왕, 고국양왕' 등으로 쓰면 된다. 하지만 외래어에 왕(王)이 붙거나 고유어와 한자어에 '대왕(大王)', '여왕(女王)', '거서간', '차차웅', '마립간' 따위가 붙을 경우에는 띄어 써야 한다.

동명 성왕	선덕 여왕	세종 대왕	광개토 대왕
문무 대왕	앤 여왕	오이디푸스 왕	알렉산더 대왕

⑤ 빅토리아 호/빅토리아호

'아프리카 동부 적도(赤道) 바로 아래에 있는 호수.'일 때는 '빅토리아 호'로 써야 한다. 반면, 이것이 배 이름이라면 '빅토리아호'로 써야 한다. 산, 강, 호수, 사막, 운하 등이 외래어 지명 뒤에 오면 띄어 쓰고, 인공 축조물은 모두 붙여 쓰기 때문이다.

몽블랑 산	푸껫 섬	알프스 산맥	리오그란데 강
사하라 사막	수에즈 운하	도버 해협	아스완 댐

⑥ 숲 속/숲속?

합성 명사(=복합 명사)는 '둘 이상의 말이 결합된 명사.'를 이른다. 합성 명사는 이미 하나의 단어로 굳어진 것으로 표준국어대사전에 한 단어로 올라와 있다. 그러므로 합성 명사는 당연히 붙여 써야 한다. '가슴속, 마음속, 땅속, 물속, 꿈속, 바닷속'은 표준국어대사전에 등재되어 있으므로 붙여 쓰면 된다. 하지만 '숲 속'은 표준국어대사전에 등재되지 않은 '구'에 해당하기 때문에 '숲 속'으로 띄어 써야 한다. '수박 속, 연필 속, 이불 속, 우물 속, 건물 속' 따위도 마찬가지로 띄어 써야 한다.

'속'과 같이 한 글자로 이루어지고 다른 단어와 결합하여 합성 명사를 이루는 명사들은 그 띄어쓰기가 의외로 까다롭다. 어떤 것은 합성 명사이고, 어떤 것은 합성 명사가 아닌 구인데 그것을 판별하기가 쉽지 않기 때문이다. 그럴 때는 표준국어대사전을 검색하여 표제어로 등재가 되어 있으면 합성 명사이므로 한 단어로 붙여 쓰고, 그렇지 않으면 띄어 쓰면 된다.

다음과 같은 어휘들이 '속'과 같은 경우이므로 잘 기억하도록 하자.

표제어	합성어	구
+각(角)	경사각, 밑각, 위치각, 입사각	진입 각
+갑	담뱃갑, 비눗갑, 성냥갑, 우유갑	화장품 갑
+년	딸년, 계집년, 상년, 쌍년	기생 년
+놈	아들놈, 어린놈, 아랫놈	손자 놈, 조카 놈, 친구 놈
+밖	창밖, 문밖	집 밖, 나라 밖
+벽(壁)	철벽	씨방 벽
부실(不實)+	부실기업, 부실시공	부실 금융
+성(城)	모래성	유리 성
+약(藥)	설사약, 변비약, 눈약, 피부약	촌충 약
+음(音)	마찰음	주요 음, 발파 음
+잎	나뭇잎, 호박잎	싸리 잎, 봉선화 잎, 상추 잎
+자(字)	로마자	기역 자, 엑스 자
+차(差)	개인차	실력 차, 압력 차
+차(車)	승용차, 응급차	호송 차
+통(桶)	물통, 술통, 밥통, 쓰레기통	빨래 통, 반찬 통, 플라스틱 통
+판(板)	과녁판, 광고판, 금속판, 유리판	고무 판
+편(篇)	대화편	기초 편, 수필 편
+함(函)	보석함, 사물함, 보관함	열쇠 함, 분리수거 함

⑦ 최댓값/최대값/최대 값?

'최댓값/최대값/최대 값' 중에서 맞는 표기는 '최댓값'이다. '최댓값'은 사전에 등재되어 있는 합성 명사이기 때문이다. '값'은 일부 명사 뒤에 붙어 새로운 명사를 합성하는 역할을 한다.

「7」 ((일부 명사 뒤에 붙어)) '가격', '대금', '비용'의 뜻을 나타내는 말.
    ¶ 기름값/물값/물건값/부식값/신문값/우윳값/음식값.
「8」 ((일부 명사 뒤에 붙어)) '수치'의 뜻을 나타내는 말.
    ¶ 변숫값/분석값/위상값/저항값.

표준국어대사전에서 '값'을 검색하여 보면 위와 같이 7번과 8번에 '일부 명사 뒤에 붙어'라는 결합 조건이 제시되어 있다. 그러니까 '값'은 '가격, 대금, 비용, 수치'의 의미를 나타낼 때에는 언제나 그 앞에 오는 명사에 붙여서 써야 한다는 것이다. 예를 들어 '석유+값'은 사전에 등재되어 있지 않더라도 '석유의 가격' 또는 '석유를 사는 데 드는 비용'의 의미이므로 붙여서 써야 한다. 또한 '값'은 그 앞에 어떠한 말이 오더라도 'ㄱ'이 된소리로 나므로 사이시옷을 받치어 적어야 한다. 따라서 '석윳값'으로 적어야 맞다.

이번에는 위 ⑥과는 달리 표준국어대사전에는 등재되어 있지 않더라도 합성 명사로 보고 반드시 붙여 써야 하는 어휘들을 살펴보자. 이러한 어휘들은 매우 많지만 여기서는 일상적으로 오류가 많이 보이는 것들로 간추려서 살펴보겠다.

표제어	사전 등재어	사전 미등재어
+감	사윗감, 장군감, 신랑감, 신붓감 구경감, 놀림감, 빨랫감, 안줏감	회장감, 대통령감, 반장감
+값	옷값, 책값, 밥값, 떡값, 물값, 술값	기름값, 물건값, 신문값, 음식값 변숫값, 분석값, 위상값, 저항값
+거리	반찬거리, 국거리, 안줏거리	논문거리

+구이	갈치구이	생선구이, 돼지양념구이
+국	고깃국, 고김칫국, 나물국, 동탯국, 된장국, 만둣국, 뭇국, 미역국, 순댓국, 시금칫국	황탯국
+길	등굣길, 출근길, 여행길	산책길, 시장길
+꽃	장미꽃, 개나리꽃	도라지꽃, 무궁화꽃, 목련꽃, 민들레꽃
+덩어리	골칫덩어리, 사곳덩어리	애굣덩어리
+마님	영감마님, 대감마님	나리마님
+마마	상감마마, 아바마마	대비마마, 대왕마마
모(母)+	모기업, 모회사	모은행
+무침	오징어무침, 가오리무침	미나리무침
반(半)+	반죽음, 반직업적	반감옥살이, 반농담
+밭	갈대밭	고추밭, 녹차밭, 담배밭, 배추밭
+병(瓶)	기름병, 유리병	플라스틱병, 링거병, 요구르트병
+볶음	버섯볶음, 갈비볶음	멸치볶음
+상(像)	관음상, 기마상	아버지상, 교사상, 성모 마리아상
+색(色)	노란색, 빨간색, 딸기색	바이올렛색
+씨	볍씨, 복숭아씨, 살구씨, 호박씨	굴씨, 배추씨, 사과씨, 조개씨
+알	감자알, 바둑알, 밤알, 씨알	머루알, 은행알, 타조알
+즙(汁)	겨자즙, 과일즙	미나리즙, 석류즙, 배즙, 양파즙, 칡즙
+집	국숫집, 고깃집, 꽃집, 점집	갈빗집, 피자집
+튀김	고구마튀김, 닭튀김	오징어튀김
+표(表)	가격표, 시간표, 조사표, 분류표	목록표, 세율표, 생활표, 배열표
+표(票)	차표, 기차표, 배표, 찬성표, 반대표	비행기표, 영화표

위 목록 중 '감, 값, 거리, 길, 집, 덩어리'는 그 앞에 어떤 소리가 오든 다른 말과 결합하면 첫소리가 된소리로 난다. 그렇기 때문에 반드시 사이시옷을 받치어 적도록 해야 한다.

⑧ 지난날/지난 날?

'지난'과 시간의 의미를 지닌 명사가 결합하여 이루어진 합성 명사는 모두 붙여서 써야 한다. 그러므로 '지난날'이 맞는 표기이다. '지난봄, 지난여름, 지난가을, 지난겨울, 지난밤, 지난번, 지난날, 지난주, 지난달, 지난해'도 하나의 단어이므로 붙여서 써야 한다. '다음날, 다음번', '그사이, 밤사이'도 합성 명사이다. '우리나라, 우리말, 우리글'은 붙여 쓰고, 그 외에 '우리 집, 우리 가족, 우리 엄마' 등은 모두 띄어서 써야 한다.

⑨ 이때/이 때?

'이때'는 '바로 지금의 때. 또는 바로 앞에서 이야기한 시간상의 어떤 점이나 부분.'의 의미를 지닌 합성 명사이다. 이와 마찬가지로 '그때, 저때'도 붙여 쓴다. '이것, 그것, 저것, 이분, 그분, 저분, 이이, 그이, 저이'도 모두 붙여 쓴다.

⑩ 첫 번째/첫번째?

'번째'는 '차례나 횟수를 나타내는 말.'로 의존 명사이다. 앞의 ①에서 살펴본 바와 같이 의존 명사는 그 앞말과 띄어 쓴다. 따라서 '첫 번째, 두 번째, 세 번째, 몇 번째' 등이 맞는 표기이다.

⑪ '못 하다'와 '못하다'

'못'은 부사로, '((주로 동사 앞에 쓰여)) 동사가 나타내는 동작을 할 수 없다거나 상태가 이루어지지 않았다는 부정의 뜻을 나타내는 말.'이다. 따라서 '술을 못 마시다/잠을 못 자다' 등으로 쓰면 된다. 하지만 동사 '못하다'는 '어떤 일을 일정한 수준에 못 미치게 하거나, 그 일을 할 능력이 없다.'의 의미로 쓰여 '노래를 못하다/술을 못하다'로 쓴다. 형용사 '못하다'는 '(…보다) 비교 대상에 미치지 아니하다.' 또는 '(('못해도' 꼴로 쓰여))아무리 적게 잡아도.'의 의미로 쓰여 '모인 사람이 못해도 열 명은 될 것이다./아무리 못해도 열 명은 넘을 것이다.' 등으로 쓰면 된다.

'안'과 '잘'도 '못'과 비슷하게 쓰인다.

표준국어대사전에서 '안'을 검색해 보면 다음과 같은 결과가 나온다.

「부사」
'아니01 「1」'의 준말.
¶안 벌고 안 쓰다./안 춥다./비가 안 온다./이제 다시는 그 사람을 안 만나겠다./안 먹고는 살 수가 없다./행아는 마치 석고상 모양으로 앉아서 꼼짝을 안 했다. ≪선우휘, 깃발 없는 기수≫
안-되다01 [-되-/-돼-]
「동사」
「1」 일, 현상, 물건 따위가 좋게 이루어지지 않다.
¶올해는 비가 너무 많이 와서 과일 농사가 안돼 큰일이다./공부가 안돼서 잠깐 쉬고 있다.
「2」 사람이 훌륭하게 되지 못하다.
¶자식이 안되기를 바라는 부모는 없다.
「3」 일정한 수준이나 정도에 이르지 못하다.
¶이번 시험에서 우리 중 안되어도 세 명은 합격할 것 같다.

'잘'은 '못'이나 '안'보다 의미도 여러 가지이고 쓰임도 좀 복잡하다. 표준국어대사전에서 '잘'을 검색하여 보면 그중 다음과 같은 내용이 있다.

잘-되다 [-되-/-돼-]
「동사」
「1」 일, 현상, 물건 따위가 썩 좋게 이루어지다.
¶농사가 잘되다/공부가 잘되다/훈련이 잘된 군인/바느질이 잘된 양복/일이 잘돼 간다./서류 보관이 잘되었다./회사를 그만둔 것이 차라리 잘됐다는 기분이 들었다.
「2」 사람이 훌륭하게 되다.
¶부모님들은 늘 자식 잘되기를 바란다./아들이 잘돼서 할 짓 다 했고 양반 댁 딸을 데려와서…. ≪박경리, 토지≫
「3」 일정한 수준이나 정도에 이르다.
¶우리 중 잘되어야 두 명만이 합격할 수 있다./잘돼야 두 달밖에 안 되지만 마치 평생을 살아온 곳처럼 낯익은 소읍이…. ≪이문열, 영웅시대≫
「4」 (반어적으로) 결과가 좋지 아니하게 되다.
¶운전면허 시험에 떨어졌다고 하자 사촌 오빠는 잘됐다며 약을 올렸다.

앞에서 살펴보았듯이 '안, 못, 잘'은 부사로 쓰이는 경우도 있고, '-하다'와 결합하여 동사나 형용사로 쓰이는 경우도 있기 때문에 그 띄어쓰기에 매우 유의해야 한다.

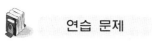 연습 문제

1. 다음 문장들의 띄어쓰기를 올바르게 고쳐 보세요.

〈예시〉
ⓐ 그일을끝내는데몇년이걸렸어요?
　그 일을 끝내는 데 몇 년이 걸렸어요?
ⓑ 그럴만한이유가충분히있었다.
→ 그럴 만한 이유가 충분히 있었다.

띄어쓰기 오류	띄어쓰기 수정
그친구는대학교는커녕고등학교도다녀본적이없다.	
이제더이상도망칠데도없었다.	
고향을떠난지어언삼년이되었다.	
그일을할지말지지금당장결정해야한다.	
관련된자료를검토한바몇가지문제가발견되었다.	
나는성공하기위해서열심히노력했을뿐이다.	
모두합치면안되어도십만원은될것이다.	
그는사과는커녕오히려화를냈다.	
곧소식이올듯하니그가올듯도하다.	
그는이번일로부모님께혼나기는커녕칭찬을받았다.	
그사람과헤어진건벌써30여년전일이다.	
친구야,도대체이게얼마만이야?	

2. 띄어쓰기에 유의하면서 자유로운 주제로 짧은 글을 써 보세요.

3. 2번에 쓴 글을 다른 사람과 바꿔 읽고, 혹시 띄어쓰기의 오류가 있다면 수정해
   보세요.

제3장

표준어 규정

어문 규정의 표준어 규정에서는 표준어 사정 원칙을 다음과 같이 밝히고 있다.

> 제1항 표준어는 **교양 있는 사람들이 두루 쓰는 현대 서울말**로 정함을 원칙
> 으로 한다.
>
> 제2항 외래어는 따로 사정한다.

위에서 보듯이 표준어는 '교양 있는 사람들'이 두루 쓰는 '현대', '서울말'이라는 세 가지 원칙을 가지고 정한다.

표준국어대사전에서는 표준어를 다음과 같이 정의하고 있다.

표준-어(標準語) 전체 보기
「명사」『언어』
한 나라에서 공용어로 쓰는 규범으로서의 언어. 의사소통의 불편을 덜기 위하여 전 국민이 공통적으로 쓸 공용어의 자격을 부여받은 말로, 우리나라에서는 교양 있는 사람들이 두루 쓰는 현대 서울말로 정함을 원칙으로 한다. ≒대중말·표준말.

'한 나라에서 공용어로 쓰는 규범으로서의 언어'라 함은, 공식적인 석상이나 공식적인 문서 등에서는 표준어를 사용해야 한다는 것을 의미한다. 그 대표적인 예가 텔레비전 뉴스이다. 텔레비전 뉴스는 가장 대표적인 공적 발화 상황이므로 앵커들은 표준어를 사용하여 뉴스를 전달한다. 각 정당의 대변인들이 정당을 대신하여 의견이나 태도를 표할 때에도 표준어를 사용한다. 또한 정부 각 기관, 지방 자치 단체, 학교 따위의 공공 기관에서 작성하는 공문서들도 모두 표준어로 이루어져 있다. 이렇게 누구나 이해할 수 있는 공용어로서의 자격을 가진 것이 곧 표준어이다. 물론 개인적인 발화에서는 방언을 사용하는 것이 가능하지만, 공식적인 발화 자리나 공식적인 문서에는 표준어를 써야 타인과의 의사소통이 원활하게 이루어질 수 있다.

표준어는 표준국어대사전에 등재되어 있으므로 사전을 검색해 보면 그것의 올바른 표기 형태와 의미 따위를 확인할 수 있다. 예를 들어 '부추'를 사전에서 검색해 보면, 거기에는 '부추'의 정의는 물론이고 모양, 식생, 분포지 따위의 부가 설명까지 있다. '정구지'를 검색해 보면, 거기에는 "'부추'의 방언(경상, 전북, 충청).'이라는 정보가 담겨 있다. 이로써 '정구지'는 지역 방언이고, 이것의 표준어는 '부추'임을 확인할 수 있다.

과거에는 지역 방언이었던 것도 표준어로서 자격을 얻으면 표준국어대사전에 실린다. 아마도 '거시기'가 가장 대표적인 사례일 것이다.

[I] 「대명사」
이름이 얼른 생각나지 않거나 바로 말하기 곤란한 사람 또는 사물을 가리키는 대명사.
¶ 자네도 기억하지? 우리 동창, **거시기** 말이야, 키가 제일 크고 늘 웃던 친구./저기 안방에 **거시기** 좀 있어요?/저 혼자서 한 게 아니고요, **거시기하고** 같이 한 일입니다만.
[II] 「감탄사」
하려는 말이 얼른 생각나지 않거나 바로 말하기가 거북할 때 쓰는 군소리.
¶ 저, **거시기**, 죄송합니다만, 제 부탁 좀 들어주시겠습니까?

표준어는 이와 같이 표준국어대사전을 검색하면 그것이 표준어인지 아닌지, 표준어가 아니라면 어느 지역의 방언인지도 확인할 수 있다. 그렇기 때문에 어찌 보면 표준어는 어문 규정 중에서 오류인지 아닌지를 가장 쉽게 확인할 수 있는 영역이라 하겠다. 사전 검색만으로도 그것이 맞는 표기인지, 오류인지 알 수가 있기 때문이다. 하지만 한글 맞춤법과 마찬가지로 매번 사전을 검색할 수는 없는 일이기 때문에 자주 틀리는 표준어는 오류를 반복하지 않도록 스스로 주의해야 한다.

또한 표준국어대사전에는 2만 개가 넘는 북한어가 등재되어 있다. 공식적인 자리에서의 발화나 공식적인 문서에는 북한어를 사용하지 않도록 되어 있다. 흔히 한글 맞춤법이나 표준어 여부를 확인하기 위하여 한글 프로그램의 맞춤법 검사에 의지한다. 한글 프로그램의 맞춤법 검사는 표준국어대사전을 기준으로 하여 이루어진다. 그런데 북한어의 경우는 한글 프로그램에서 어문 규정 오류라고 잡아내지 못하는 경우가 있다. 한글 프로그램에서는 띄어쓰기나 표기에 오류가 있으면 해당 어휘 아래에 빨간 줄이 그어진다. 하지만 "가려움증'의 북한어.'인 '가렴증'이나 "평순 모음'의 북한어.'인 '가로모음'이 북한어라는 사실을 인지하지 못한다. 그래서 '가렴증이 있다.' 혹은 '그것은 가로모음이다.'라는 문장을 작성하였을 때 이 문장들에는 빨간 줄이 그어지지 않는다. 따라서 평소에 자기 스스로 어떤 부분에서 주로 오류를 범하는지를 자주 확인하여 오류를 수정할 필요가 있다.

그러면 여기에서는 자주 틀리는 표준어를 중심으로 하여 표준어의 올바른 표기에 대하여 알아보자.

1) 발음 변화에 따른 표준어 규정

① 강낭콩/강남콩?

표준어 규정 제5항은 "어원에서 멀어진 형태로 굳어져서 널리 쓰이는 것은, 그것을 표준어로 삼는다."라고 규정하고 있다. 이 말은 원래 '강남(江南)'에서 온 콩이라는 의미였다. 하지만 지금은 어원에 대한 의식이 희박해져서 '강낭콩'으로 쓰이고 있으므로 이를 표준어로 채택하였다. 이와 같은 것들에는 '고삿, 사글세' 따위가 있다.

② 수놈/숫놈?

표준어 규정 제7항은 "수컷을 이르는 접두사는 '수'로 통일한다."라 정하고 있다. 또한 표준국어대사전에서 '숫놈'을 검색해 보면 다음과 같은 결과가 나온다.

숫-놈 [전체 보기]
「명사」
→ 수놈.

이는 '숫놈'은 한글 맞춤법에 어긋나는 표현이고 '수놈'이 맞는 표기이니 '수놈' 항목을 찾아보라는 의미이다. '수놈'은 [수놈]이 표준 발음이므로 '수놈'으로 적고 발음도 정확하게 하도록 유의해야 한다. 이와 더불어 '수고양이, 수곰, 수개미, 수거미, 수기린, 수꿩, 수나비, 수벌, 수범, 수소, 수오리' 등은 모두 '수'로 표기해야 한다.

③ 수캐/수개?

'암, 수'는 중세 국어에서는 히읗 종성 체언인 '암ㅎ, 수ㅎ'이었다. 이 'ㅎ'의 영향으로 그 뒤에 오는 'ㄱ, ㄷ, ㅂ'으로 시작되는 말은 [ㅋ, ㅌ, ㅍ]으로 소리가 난다. 그럴 경우 뒤에 오는 말은 거센소리로 적는다. 따라서 '수캐, 수캉아지, 수컷, 수키와, 수탉, 수평아리, 수탕나귀, 수톨쩌귀, 수퇘지'로 적어야 한다. '암'이 결합되는 경우도 마찬가지로 '암캐, 암캉아지, 암키와, 암탉, 암평아리, 암탕나귀, 암톨쩌귀, 암퇘지'로 적는다.

④ 숫염소/수염소?

'수+염소'의 경우는 [순념쇠가 표준 발음이므로 '숫염소'로 적어야 한다. 따라서

'암염소'의 표준 발음도 [암념소]이다. '숫염소'와 함께 '숫양, 숫쥐'도 사이시옷을 받치어 적도록 한다.

⑤ 깡충깡충/깡총깡총?

표준어 규정 제8항은 "양성 모음이 음성 모음으로 바뀌어 굳어진 다음 단어는 음성 모음 형태를 표준어로 삼는다."라고 규정하였다. 이에 따라 '깡충깡충'이 맞는 표기이다. 다음의 경우들도 눈여겨보아 두자.

표준어로 취함	버림	비고
깡충 -깡충	깡총 -깡총	큰말은 '껑충껑충'임.
-둥이	-동이	← 童이. 귀, 막, 선, 쌍, 검, 바람, 흰.
발가 -숭이	발가 -송이	센말은 '빨가숭이', 큰말은 '벌거숭이, 뻘거숭이'임.
보퉁이	보통이	
봉죽	봉족	←奉足. ~꾼, ~ 들다.
뻗정 -다리	뻗장 -다리	
아서, 아서라	앗아, 앗아라	하지 말라고 금지하는 말.
오뚝-이	오똑 -이	부사도 "오뚝 -이'임.
주추	주초	←柱礎. 주춧 -돌.

다만, 어원 의식이 강하게 남아 있는 부조(扶助), 사돈(査頓), 삼촌(三寸)에서는 양성 모음 형태를 그대로 표준어로 삼는다. '부조금, 부좃돈'을 '부주금, 부줏돈'으로 쓰지 않도록 유의해야 한다.

⑥ 점쟁이/점장이?

명사 뒤에 붙어서 '어떠어떠한 사람'의 의미를 더하는 접미사에 '장이'와 '쟁이'가 있다. 두 접미사는 형태는 비슷하지만 서로 다른 의미를 가지고 있다.

먼저 표준국어대사전에서 '장이'를 검색한 결과이다.

「접사」

((일부 명사 뒤에 붙어))

'그것과 관련된 기술을 가진 사람'의 뜻을 더하는 접미사.

¶ 간판장이/땜장이/양복장이/옹기장이/칠장이.

즉, '장이'는 명사 뒤에 붙어서 '그러한 일을 하는 기술자'의 의미를 더한다. '장이'는 장인(匠人)의 첫 글자인 '匠'과 접미사 '이'가 결합한 것이라 볼 수 있기 때문이다.

다음은 표준국어대사전에서 '쟁이'를 검색한 결과이다.

「접사」

((일부 명사 뒤에 붙어))

「1」 '그것이 나타내는 속성을 많이 가진 사람'의 뜻을 더하는 접미사.

¶ 겁쟁이/고집쟁이/떼쟁이/멋쟁이/무식쟁이.

「2」 '그것과 관련된 일을 직업으로 하는 사람'의 뜻을 더하는 접미사. 그런 사람을 낮잡아 이를 때 쓴다.

¶ 관상쟁이/그림쟁이/이발쟁이.

이처럼 '쟁이'는 사람들이 지닌 어떤 특징을 잡아내어 표현하거나 어떤 직업을 가진 사람을 낮잡아 말할 때 명사 뒤에 붙여 쓰는 접미사이다. 따라서 '점쟁이'와 '점장이' 중에서 '점쟁이'라 쓰는 것이 옳다. 왜냐하면 '갓장이, 금장이, 미장이, 가구장이, 간판장이, 대장장이, 옹기장이' 따위와는 달리 '장인(匠人)'의 의미를 가진 것과는 거리가 멀기 때문이다.

⑦ 으레/으례?

표준어 규정 제10항에는 모음이 단순화한 형태를 표준어로 삼은 경우를 밝혀 놓았다. '으레'는 과거에는 '으례'로 표기하였으나, 지금은 모음이 단순화한 '으레'가 일상화되었기 때문에 이를 표준어로 삼는다. 아울러 '괴팍하다, 미루나무, 여느, 케케묵다, 허우대, 허우적허우적'이 표준어임을 기억하자.

⑧ 웃어른/윗어른?

'윗'은 그 상대어로 '아랫'이 있는 경우에, '웃'은 그러한 대립이 없는 경우에 쓴다. 따라서 '웃고명, 웃국, 웃돈, 웃바람, 웃어른'으로 쓰고, '윗도리, 윗사람, 윗목, 윗간, 윗가지, 윗길, 윗글, 윗니, 윗동네, 윗마을, 윗몸, 윗배, 윗부분, 윗사람'으로 써야 한다.

⑨ 고까/꼬까

표준어 규정 제19항에서는 "어감의 차이를 나타내는 단어 또는 발음이 비슷한 단어들이 다 같이 널리 쓰이는 경우에는, 그 모두를 표준어로 삼는다."라고 규정하고 있다. 따라서 '고까/꼬까'는 모두 표준어이다. '거슴츠레하다/게슴츠레하다, 고린내/코린내, 교기(驕氣)/갸기, 구린내/쿠린내, 꺼림하다/께름하다, 나부랭이/너부렁이, 멍게/우렁쉥이, 자장면/짜장면, 봉선화/봉숭아, 만날/맨날, 넝쿨/덩굴, 괴발개발/개발새발, 옥수수/강냉이, 보조개/볼우물, 물방개/선두리, 철딱서니/철따구니/철딱지' 따위도 모두 복수 표준어이다.

2) 어휘 선택의 변화에 따른 표준어 규정

① 설거지/설겆이?

표준어 규정 제20항은 "사어(死語)가 되어 쓰이지 않게 된 단어는 고어로 처리하고, 현재 널리 사용되는 단어를 표준어로 삼는다."라고 정하고 있다. 이에 따라 아래의 어휘들이 표준어이다.

표준어로 취함	버림	표준어로 취함	버림
난봉	봉	낭떠러지	낭

설거지하다	설겆다	애달프다	애닯다
오동나무	머귀나무	자두	오얏

'머귀나무'는 '오동나무'의 의미로서는 비표준어로 처리되었다. 하지만 '운향과의 낙엽 활엽 소교목.'의 의미로서는 여전히 표준어이다. '설겆다'는 '설겆고, 설겆으니, 설겆으면' 등의 활용형으로는 사용하지 않는다. 따라서 '설겆다'를 버리고 '설거지하다'를 표준으로 취한다. 이와 더불어 '설거지'도 '설겆이'로 쓰지 않도록 유의한다. '애닯다'는 '애닯고, 애닯으니, 애닯아서' 등으로는 사용하지 않는다. 따라서 '애닯다'를 버리고 '애달프다'를 표준어로 취한다. '애달프다'는 '애달프고, 애달프니, 애달파서' 등으로 자유롭게 활용된다.

② 총각무/알타리무?

표준어 규정 제22항은 "고유어 계열의 단어가 생명력을 잃고 그에 대응되는 한자어 계열의 단어가 널리 쓰이면, 한자어 계열의 단어를 표준어로 삼는다."라고 규정하고 있다. 이에 따라 다음의 어휘들이 표준어이다.

표준어로 취함	버림	표준어로 취함	버림
개다리소반	개다리밥상	겸상	맞상
고봉밥	높은밥	단벌	홑벌
마방집	마바리집	민망스럽다 /면구스럽다	민주스럽다
방고래	구들고래	부항단지	뜸단지
수삼	무삼	양파	둥근파
어질병	어질머리	총각무	알무/알타리무
칫솔	잇솔	포수	총댕이

표준어 규정 제21항은 "고유어 계열의 단어가 널리 쓰이고 그에 대응되는 한자어 계열의 단어가 용도를 잃게 된 것은, 고유어 계열의 단어만을 표준어로 삼는다."라고 하였다. 이것과 위의 표준어 규정 제22항은 서로 대립되는 규정으로 보일 수 있다. 제21항은 고유어 계열을 취한 것이고, 제22항은 한자어 계열을 취한 것이기 때문이다. 표준어 규정은 교양 있는 사람들이 '두루 쓰는 현대의' 말을 기준으로 하고 있다. 그렇기 때문에 가장 중요한 기준은 현재 대부분의 한국인이 사용하는 한국어가 된다. 그래서 표준어 규정 제21항과 제22항은 다소 대립되어 보이는 규정이지만 표준어를 정하는 가장 중요한 규칙을 따른 결과라 할 수 있다.

③ 멍게/우렁쉥이

'멍게'와 '우렁쉥이'는 둘 다 표준어이다. 표준어 규정 제23항은 "방언이던 단어가 표준어보다 더 널리 쓰이게 된 것은, 그것을 표준어로 삼는다. 이 경우, 원래의 표준어는 그대로 표준어로 남겨 두는 것을 원칙으로 한다."라 하였다. 이에 따라 '멍게/우렁쉥이, 물방개/선두리, 애순/어린순'은 모두 표준어로 인정한다.

④ 샛별/새벽별?

표준어 규정 제25항은 "의미가 똑같은 형태가 몇 가지 있을 경우, 그중 어느 하나가 압도적으로 널리 쓰이면, 그 단어만을 표준어로 삼는다."라고 밝히고 있다. '샛별'은 '새벽별'에 비해 압도적으로 쓰임이 많으므로 표준어로 선택된 것이다. 이러한 어휘들은 개인의 성향에 따라 둘 중 어느 하나를 취하는 경우들이 많다. 그런 경우에는 스스로 그 어휘들이 표준어인지 아닌지를 인지하기가 힘들다. 그렇기 때문에 어떠한 단어들이 표준어이고 어떠한 단어들이 비표준어인지를 미리 알아두는 것이 오류를 줄이는 지름길이다. 다음의 어휘들을 잘 기억해 두자.

표준어로 취함	버림	표준어로 취함	버림
겸사겸사	겸지겸지/겸두겸두	고구마	참감자
광주리	광우리	국물	멀국/말국
군표	군용어음	길잡이/길라잡이	길앞잡이
까치발	까치다리	담배꽁초	담배꼬투리/담배꽁치/담배꽁추
뒤통수	뒤꼭지	등나무	등칡
똑딱단추	딸꼭단추	면발치	면발치기
며느리발톱	뒷발톱	밀짚모자	보릿짚모자
바가지	열바가지/열박	부각	다시마자반
부스러기	부스럭지	부지깽이	부지팽이
붉으락푸르락	푸르락붉으락	샛별	새벽별
선머슴	풋머슴	손목시계	팔목시계/팔뚝시계
손수레	손구루마	쇠고랑	고랑쇠
술고래	술꾸러기/술부대/술보/술푸대	식은땀	찬땀
쌍동밤	쪽밤	아주	영판
앉은뱅이저울	앉은저울	알사탕	구슬사탕
암내	곁땀내	전봇대	전선대
쥐락펴락	펴락쥐락	청대콩	푸른콩
다오	다구	다사스럽다	다사하다
뒤통수치다	뒤꼭지치다	뒤져내다	뒤어내다
목메다	목맺히다	매만지다	우미다

바뜨리다/빠트리다	빠치다	부끄러워하다	부끄리다
안쓰럽다	안슬프다	신기롭다/신기하다	신기스럽다
앞지르다	따라먹다	안절부절못하다	안절부절하다

⑤ 가엾다/가엽다

표준어 규정 제26항은 "한 가지 의미를 나타내는 형태 몇 가지가 널리 쓰이며 표준어 규정에 맞으면, 그 모두를 표준어로 삼는다."라고 정하고 있다. 이러한 어휘들을 복수 표준어라 한다. '가엾다'와 '가엽다'는 같은 의미를 나타내는 두 가지 형태의 어휘라고 인정되어 둘 다 표준어로 삼는다. 이와 같은 어휘들은 아래와 같다.

먼저 체언과 수식언 중에서 복수 표준어인 것들이다.

복수 표준어	복수 표준어	복수 표준어	복수 표준어
가뭄/가물	감감무소식/감감소식	개수통/설거지통	갱엿/검은엿
고깃간/푸줏간	귀퉁머리/귀퉁배기	깃저고리/배내옷/배냇저고리	꼬까/때때/고까
꼬리별/살별	넝쿨/덩굴	돼지감자/뚱딴지	되우/된통/되게
뒷갈망/뒷감당	딴전/딴청	만큼/만치	말동무/말벗
멀찌감치/멀찌가니/멀찍이	무심결/무심중	민둥산/벌거숭이산	바깥벽/밭벽
벌레/버러지	보조개/볼우물	보통내기/여간내기/예사내기	볼따구니/볼퉁이/볼때기
살쾡이/삵	삽살개/삽사리	생/새앙/생강	수수깡/수숫대
아무튼/어떻든/어쨌든/하여튼/여하튼	알은척/알은체	애꾸눈이/외눈박이	언덕바지/언덕배기

여태껏/이제껏/입때껏	옥수수/강냉이	외손잡이/한손잡이	욕심꾸러기/욕심쟁이
우레/천둥	일찌감치/일찌거니	입찬말/입찬소리	자물쇠/자물통
제가끔/제각기	좀처럼/좀체	책씻이/책거리	철따구니/철딱서니/철딱지

다음은 용언 중에서 복수 표준어인 것들이다.

복수 표준어	복수 표준어	복수 표준어	복수 표준어
가엾다/가엽다	게을러빠지다/게을러터지다	관계없다/상관없다	극성떨다/극부리다
기세부리다/기세피우다	기승떨다/기승부리다	들락거리다/들랑거리다	모내다/모심다
변덕스럽다/변덕맞다	서럽다/섧다	-(으)세요/-(으)셔요	쌉쓰레하다/쌉쓰름하다
어림잡다/어림치다	어이없다/어처구니없다	여쭈다/여쭙다	연달다/잇달다
의심스럽다/의심쩍다	-이에요/-이어요	장가가다/장가들다	재롱떨다/재롱부리다
추어올리다/추어주다	축가다/축나다	침놓다/침주다	한턱내다/한턱하다

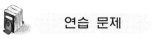

연습 문제

1. 평소에 자신이 사용하는 말 중에서 방언이 무엇인지 확인하고, 그에 해당하는
   표준어를 찾아보세요.

방언	표준어	방언	표준어

2. 1에서 확인한 어휘들을 활용하여 짧은 글을 써 보세요.

3. 2번에 쓴 글을 다른 사람과 바꿔 읽고, 혹시 표준어 사용에 오류가 있다면 수정해 보세요.

제4장

외래어 표기법

외래어는 '외국에서 들어온 말로 국어처럼 쓰이는 단어.'를 뜻한다. 어느 시대를 막론하고 국가와 국가의 경계를 넘어서 문물의 교류가 있으면 외래어는 생기게 마련이다. 더군다나 교통과 통신 기술의 발달로 인해 국가의 경계가 무의미해진 시대에는 외국어가 예전보다 더욱 빠른 속도로 유입될 수밖에 없다. 한국은 기술이 급속도로 발달하기 때문에 외국어의 유입 속도 역시 빠르다.

외국어가 들어올 때마다 그대로 둔다면 우리말에는 우리말답지 않은 어휘들이 넘치게 될 것이다. 실제로 한국에 와서 한국어를 배우는 외국인들은 한국어를 잘 하려면 영어를 잘 하면 될 것 같다는 말을 심심찮게 한다. 외국어의 범람을 막는 제일 좋은 방법은 외국어가 들어와서 언중들 사이에서 사용되기 전에 국립국어원과 같은 국어 전문 기관에서 우리말로 바꾸어 보급하는 것이다. 하지만 요즘처럼 국경을 넘나들면서 사람의 왕래가 끊임없이 이루어지는데다가 인터넷이 발달해 있어 외국 문물의 유입 통로가 다양해지고, 한국의 기술 발달이 고속화된 시대에 그렇게 하기는 거의 불가능하다고 할 수 있다. 그렇다 보니 요즘에는 외래어와 외국어를 구분하는 것이 의미가 없어 보일 지경이다.

그렇다고 해서 외래어를 규범에 맞게 하려는 노력을 기울이지 않는다면 아마도 국어생활은 더욱 혼란스러워질 것이다. 다른 나라의 언어는 한국어와는 음운 체계가 달라서 듣는 사람마다 다른 소리로 듣고 다르게 적을 수가 있다. 일례로, 이름이 '프엉'인 어떤 베트남 여성을 같은 마을에 사는 할머니들이 '흐엉, 품, 폼, 봄' 등으로 서로 다르게 부른다거나, 그 베트남 여성은 '비닐봉투'를 '폼나리, 봄나리'라고 부르는 경우도 있다. 우리 언어생활에서도 'doughnut'라는 영어 단어를 '도넛, 도우넛, 도나스, 도너스, 도너츠' 등으로 쓰고 말하는 것을 볼 수 있다. 이와 같이 동일한 대상을 지시하는 하나의 어휘를 각자의 귀에 들리는 대로 표기한다면 그 의미를 분명하게 전달하는 데 어려움이 따를 것이다. 실제로 외국인들에게 '도넛, 도우넛, 도나스, 도너스, 도너츠'를 써서 보여 주면 이것을 모두 다른 의미를 가진 별개의 단어들로 인식하는 것을 확인할 수 있다. 그러므로 통일된 외래어 표기는 효과적인 의사소통을 위해서라면 어떠한 어려움이 따른다 해도 포기해서는 안 되는 영역이다.

외래어 표기법의 원칙은 다음과 같다.

제1항 외래어는 국어의 현용 24 자모만으로 적는다.
제2항 외래어의 1 음운은 원칙적으로 1 기호로 적는다.
제3항 받침에는 'ㄱ, ㄴ, ㄹ, ㅁ, ㅂ, ㅅ, ㅇ'만을 쓴다.
제4항 파열음 표기에는 된소리를 쓰지 않는 것을 원칙으로 한다.
제5항 이미 굳어진 외래어는 관용으로 존중하되, 그 범위와 용례는 따로 정한다.

제1항에 의해 외래어는 현재 사용하고 있는 국어 24자모로만 적을 수 있다. 한글은 아주 과학적으로 잘 만들어진 표음 문자이다. 그래서 한글은 거의 모든 소리를

글자로 적을 수 있다. 하지만 한글은, 영어로 말하자면 [v], [f], [θ], [ð] 따위의 발음은 표기하지 못한다. 한글이 이 소리들을 적지 못하는 것은 당연한 일이다. 한글은 한국어를 적기 위해 만들어진 문자인데 이것들은 한국어에는 없는 소리이기 때문이다.

예전에는 한국어에 없는 소리들을 표기하기 위하여 아예 새로운 자음을 만들거나, 원래 있는 자음을 변형하여 이 소리들을 표기하자는 주장이 있었다. 하지만 외래어 표기법에서는 외래어를 표기하는 문자를 '국어의 현용 24자모'로 한정하였다. 외래어 표기법을 정하여 외래어를 적는 이유는, 한국인들이 일상적으로 한국어로 의사소통을 할 때 서로가 의미하는 바를 쉽게 이해할 수 있도록 하기 위한 것이다. 따라서 한국인들이 그 표기 형태를 보고 동일한 대상을 떠올릴 수 있도록 표기하면 충분하다. 이에 따라 국제 음성 기호를 한글 자모로 표기할 때는 다음의 표와 같이 한다.

자음			반모음		모음	
국제 음성 기호	한글		국제 음성 기호	한글	국제 음성 기호	한글
	모음 앞	자음 앞 또는 어말				
p	ㅍ	ㅂ, 프	j	이*	i	이
b	ㅂ	브	ɥ	위	y	위
t	ㅌ	ㅅ, 트	w	오, 우*	e	에
d	ㄷ	드			ø	외
k	ㅋ	ㄱ, 크			ɛ	에
g	ㄱ	그			ɛ̃	앵
f	ㅍ	프			œ	외
v	ㅂ	브			œ̃	욍
θ	ㅅ	스			æ	애
ð	ㄷ	드			a	아
s	ㅅ	스			ɑ	아
z	ㅈ	즈			ɑ̃	앙
ʃ	시	슈, 시			ʌ	어

국제음성기호	모음 앞	자음 앞·어말			국제음성기호	한글
ʒ	ㅈ	지			ɔ	오
ʦ	ㅊ	츠			ɔ̃	옹
dz	ㅈ	즈			o	오
ʧ	ㅊ	치			u	우
ʤ	ㅈ	지			ə**	어
m	ㅁ	ㅁ			ɚ	어
n	ㄴ	ㄴ				
ɲ	니*	뉴				
ŋ	ㅇ	ㅇ				
l	ㄹ, ㄹㄹ	ㄹ				
r	ㄹ	르				
h	ㅎ	흐				
ç	ㅎ	히				
x	ㅎ	흐				

한 가지 덧붙일 것은, 외래어 표기법은 외래어를 어떻게 표기할 것이냐에 관한 것이지, 외래어를 어떻게 발음할 것이냐에 관한 규정이 아니다. 그러니까 '도넛'이라고 표기했다고 해서 모두가 [도넛]으로 발음해야 한다는 것은 아니다. 발음은 개인에 따라서 다르게 할 수 있지만, 의사소통 과정에서 발생할 수 있을 오해를 줄이기 위하여 표기는 통일하자는 것이다.

외래어 표기법 제2항부터는 사례를 들어 살펴보기로 하자.

1) 외래어 표기 원칙과 표기 세칙

① 파이팅/화이팅?

외래어 표기법 제2항은 '외래어의 1 음운은 원칙적으로 1 기호로 적는다.'라고 밝히고 있다. 영어의 'f'를 'ㅍ'으로 적는 사람도 있고 'ㅎ'으로 적는 사람도 있다. 그러다 보니 'fighting'은 '파이팅'과 '화이팅' 두 가지 표기가 함께 쓰이고 있는 형편이다. 하나의 알파벳 'f'를 경우에 따라서 다르기 적기로 한다면, 어떤 경우에는 'ㅍ'으로 쓰고 어떤 경우에는 'ㅎ'으로 쓰는지를 모두 기억해야 하는 어려움이 생길 것이다. 그렇게 되면 외래어를 한글로 표기하여 쉽게 기억하고 사용하기가 어려울 수 있다. 따라서 하나의 음운은 하나의 기호로 적기로 하였다. 이에 따라 'fighting'은 '파이팅'으로 적는 것이 맞다. 'fry'는 '프라이'가, 'frypan'은 '프라이팬'이, 'free-lancer'는 '프리랜서'가 맞는 표기이다.

② 라켓/라켙?

외래어 표기법 제3항은 받침에는 'ㄱ, ㄴ, ㄹ, ㅁ, ㅂ, ㅅ, ㅇ'만을 쓰는 것으로 정하고 있다. 'racket'의 끝에 오는 't'를 'ㅅ'으로 적는 사람도 있고 'ㅌ'으로 적는 사람도 있다. 하지만 'racket'은 '라켓'으로 표기하는 것이 맞다. 일반적으로 'racket'의 뒤에 모음으로 시작되는 조사를 붙여서 말을 하면 't'를 'ㅅ'으로 발음한다. 그러니까 'racket+이'는 [라케시]로, 'racket+을'은 [라케슬]로 발음한다. 이를 [라케티, 라케틀]로 발음하는 사람은 없다. 따라서 '라켓'을 올바른 표기로 삼는다. 이는 'coffeeshop'를 적을 때도 마찬가지이다. 이 경우에도 'coffeeshop'의 뒤에 모음으로 시작하는 조사를 붙여 말할 때 [커피쇼피, 커피쇼플, 커피쇼페서] 등으로 발음하지 않고 [커피쇼비, 커피쇼블, 커피쇼베서] 등으로 발음한다. 따라서 'coffeeshop'의 올바른 표기는 '커피숍'이 맞다. 이와 마찬가지로 'supermarket'은 '슈퍼마켓', 'carpet'은 '카펫'으로 적어야 한다.

③ 카페/까페?

외래어 표기법 제4항은 파열음 표기에는 된소리를 쓰지 않는 것을 원칙으로 하고 있다. 한국어는 자음을 예사소리, 거센소리, 된소리로 구분한다. 한국인들은 '달, 탈, 딸'을 분명하게 구분하여 발음할 수 있고, 이 세 어휘의 의미 차이를 확실하게 인지한다. 하지만 영어, 프랑스 어, 독일어, 이탈리아 어, 일본어를 비롯한 많은 외국어에서는 거센소리와 된소리가 의미 변별 자질로 작용하지 않는다. 한국어를 배우는 외국인들을 보면 한국어의 거센소리와 된소리를 구분하지 못한다거나 거센소리는 발음이 가능한데 된소리는 발음을 하지 못하는 경우가 많다. 이는 그들의 모국어 음성 체계에서 거센소리와 된소리를 구분하지 않기 때문이다. 그래서 이러한 언어들을 한글로 표기할 때에는 거센소리와 된소리를 구분하지 않고 거센소리로 표기하기로 정하였다. 이에 따라 'cafe'는 '카페'로 적어야 옳다. 이와 마찬가지로 'Paris'는 '파리'로, 'pierrot'는 '피에로'로, 'Oosaka[大阪]'는 '오사카'로, 'Sapporo[札幌]'는 '삿포로'로 적는다.

하지만 타이 어, 베트남 어, 중국어 등에서는 거센소리와 된소리가 구분된다. 이에 따라 'Phuket 섬/ภูเก็ต'은 '푸껫 섬'으로, 'Hồ Chi Minh'은 '호찌민'으로, 'Mao Zedong[毛澤東]'은 '마오쩌둥'으로 적는다.

④ 로켓/로킷?

외래어 표기법 제5항은 이미 굳어진 외래어는 관용으로 존중하되, 그 범위와 용례는 따로 정한다고 하였다. 외래어 표기의 원칙에는 어긋나더라도 이미 그 형태가 굳어져서 압도적으로 사용되고 있는 어휘들은 그대로 인정하기로 하였다. 대부분의 한국 사람들이 사용하고 있는 표기를 원칙을 따지면서 바꾸어 굳이 혼란을 일으킬 필요가 없기 때문이다. '라디오'의 발음인 [reidiou]를 표기 원칙대로 적는다면 '레이디오'가 될 것이다. 원칙이 그렇다고 하여 '라디오'를 '레이디오'로 고쳐 적으라고 하면 오히려 불필요한 혼란이 발생할 것이다. 그렇기 때문에 이러한 경우에는 관용 표기를 인정하기로 한다. '블랭킷(blanket), 보닛(bonnet), 캐비닛(cabinet), 초콜릿(chocolate), 재킷(jacket), 팸플릿(pamphlet)'과 '알파벳(alphabet), 바스켓(basket), 카펫(carpet), 피켓(picket), 포켓(pocket), 라켓(racket), 로켓(rocket), 트럼펫(trumpet)'의 '-et' 부분이 다르게 표기되는 이유가 바로 이것이다. 관용 표기로 굳어진 또 다른 사례들에는 '가톨릭(Catholic)', '바나나(banana)', '골 세리머니(goal ceremony)' 따위가 있다.

⑤ 로봇/로보트?, 케이크/케익/케잌?

외래어 표기법의 제3장 표기 세칙에 따라 짧은 모음 다음의 어말 무성 파열음([p], [t], [k])과 짧은 모음과 유음·비음([l], [r], [m], [n]) 이외의 자음 사이에 오는 무성 파열음 ([p], [t], [k])은 받침으로 적는다. 따라서 'robot'은 '로봇'으로, 'apt'는 '앱트'로 적어야 한다. 이와 마찬가지로 'gap, cat, book, setback, act'은 각각 '갭, 캣, 북, 셋백, 액트'로 적는다.

이와는 달리 위 경우 이외의 어말과 자음 앞의 [p], [t], [k]는 '으'를 붙여 적는다. 따라서 'cake'는 '케이크'로 적어야 한다. 이와 마찬가지로 'stamp, part, make, mattress, sickness'는 각각 '스탬프, 파트, 메이크, 매트리스, 시크니스'로 적는다.

⑥ 로브스터/랍스터/랍스타?

어말과 모든 자음 앞에 오는 유성 파열음([b], [d], [g])은 '으'를 붙여 적는다. 우리말 '바닷가재'와 같은 의미인 'lobster'는 국제 음성 기호와 한글 대조표에 따라 '로브스터'로 적는 것이 맞다. 그런데 제124차 외래어 심의회(2015. 12. 2.)에서 관용적으로 많이 쓰이는 '랍스터'도 복수 표기로 인정하였다. 따라서 '로브스터'와 '랍스터' 두 가지 형태를 표준 표기로 사용할 수 있다. 'bulb, land, zigzag, kidnap, signal'은 각각 '벌브, 랜드, 지그재그, 키드냅, 시그널'로 적는다. 이에 비해 'bag, lab, web' 등은 이미 굳어진 말은 관용에 따르기로 한 원칙대로 '백, 랩, 웹'으로 적기로 한다.

⑦ 플래시/플래쉬?

어말의 마찰음 [ʃ]는 '시'로 적고, 자음 앞의 [ʃ]는 '슈'로, 모음 앞의 [ʃ]는 뒤따르는 모음에 따라 '샤, 섀, 셔, 셰, 쇼, 슈, 시'로 적는다. 그러므로 이 소리들을 '슈'나 '쉬'로 적는 일은 없도록 한다. 이에 따라 'shower, eyeshadow, shuttlecock, milk shake, shock, superman, flash'는 각각 '샤워, 아이섀도, 셔틀콕, 밀크셰이크, 쇼크, 슈퍼맨, 플래시'로 적는다. 영어 이외의 언어에서 온 단어에서는 [ʃ]를 항상 '슈'로 적는다. 따라서 '카르투슈(<프>cartouche), 게슈타포(<독>Gestapo), 게슈탈트(<독>Gestalt), 아인슈타인(Einstein), 타슈켄트(Tashkent)' 등으로 적어야 한다. 특히 'sherbet'을 '샤베트'로, 'chassis'를 '샤시, 샷시, 샷슈' 등으로 적는 경우가 많은데, 'sherbet'은 '셔벗', 'chassis'는 '섀시'가 맞는 표기이니 유의하여 쓰도록 하자. 또한 [s] 소리를 된소리로 표기하지 않도록 한다. 즉 'service, center, system'은 각각 '서비스, 센터, 시스템'으로 써야 한다.

⑧ 주스/쥬스?

모음 앞에 오는 [dʒ], [tʃ]를 한글로 적을 때에는 'ㅊ', 'ㅈ'으로 적는다. 'ㅈ, ㅊ' 뒤에 'ㅑ, ㅕ, ㅛ, ㅠ'가 결합되면 이중 모임이 아닌 단모음으로 발음되기 때문에 굳이 이중 모음으로 적을 필요가 없기 때문이다. 즉 '쟈, 져, 죠, 쥬, 챠, 쳐, 쵸, 츄'로 쓰더라도 '자, 저, 조, 주, 차, 처, 초, 추'로 소리가 난다. 따라서 'leisure, vision, jernal, juice, chart, television'은 각각 '레저, 비전, 저널, 주스, 차트, 텔레비전'으로 적는다.

2) 자주 틀리는 외래어 표기들

⑨ 디지털/디지탈?

한국어에서 모음은 늘 같은 소리로 난다. 'ㅏ'는 늘 [a]로 소리가 난다. 일부 이중 모음은 단모음과 이중 모음으로 소리가 나기도 하지만, 그 이중 모음이 이미 가지고 있는 단모음으로 발음이 되므로 대체적으로 그 소리를 가늠할 수 있다. 하지만 영어의 모음 글자는 한국어의 모음보다는 그 소리가 복잡한 편이다. 예를 들어 'a'는 'father[fɑːðə(r)], apron[eɪprən], digital[dɪdʒɪtl], apple[æpl], about[əbaʊt]'에서 보듯이 소리가 매우 다양하다. 그래서 그 모든 경우를 다 기억해서 올바르게 적기란 어려운 일이다. 그래서 외래어 표기를 올바르게 하려면 자주 틀리는 항목을 기회가 닿을 때마다 확인해서 스스로 고쳐 쓰려고 노력하는 것이 가장 빠른 방법일 것이다. 다음은 일상적으로 자주 사용하는 외래어인데 일반적으로 자주 틀리는 외래어 표기들이다. 올바른 표기 형태를 잘 익혀서 글쓰기에서 틀리지 않도록 하자.

원어	올바른 표기	오류	원어	올바른 표기	오류
accessory	액세서리	악세사리	leadership	리더십	리더쉽
barbecue	바비큐	바베큐	message	메시지	메세지/메쎄지
Beethoven	베토벤	베에토벤	narration	내레이션	나레이션
boat	보트	보우트	nonsense	난센스	넌센스
body shower	보디샤워	바디샤워	permanent	파마	퍼머
bowling	볼링	보울링	remote control	리모컨	리모콘
buffet	뷔페	부페	rendez-vous	랑데부	랑데뷰
carol	캐럴	캐롤	report	리포트	레포트
color	컬러	칼라/카라	rotary	로터리	로타리
comedy	코미디	코메디	sausage	소시지	쏘시지/소세지/쏘세지
concept	콘셉트	콘셉/컨셉/컨셉트	schedule	스케줄	스케쥴
contest	콘테스트	컨테스트	snowboard	스노보드	스노우보드
			sponge	스펀지	스폰지
desktop	데스크톱	데스크탑	sprinkler	스프링클러	스프링쿨러
elevator	엘리베이터	앨리베이터	standard	스탠더드	스탠다드
encore	앙코르	앙콜	symposium	심포지엄	심포지움
enquete	앙케트	앙케이트	tower	타워	타우어
film	필름	필름	Turkey	터키	터어키
final	파이널	파이날	window	윈도	윈도우
honey	허니	하니	workshop	워크숍	워크샵
ketchup	케첩	케찹, 켓찹, 켓첩			
Las Vegas	라스베이거스	라스베가스	yellow	옐로	옐로우

⑩ 그 밖에 자주 틀리는 외래어 표기들

아래의 어휘들은 일상적으로 자주 사용하는 외래어이면서 또 매우 자주 틀리는 외래어 표기들이다. 잘못된 형태를 자주 보면 눈에 익어서 그것이 잘못인 것을 모르게 되는 경우가 많다. 그러므로 올바른 표기 형태를 잘 익혀서 일상적인 언어생활에서 실수를 하지 않도록 하자.

원어	올바른 표기	오류	원어	올바른 표기	오류
alcohol	알코올	알콜, 알코홀	highlight	하이라이트	하일라이트
battery	배터리	바테리/ 밧데리/ 빳떼리	jazz dance	재즈댄스	째즈댄스
bonnet	보닛	본네트	jeep	지프	짚
boycott	보이콧	보이코트	jumper	점퍼	잠바
conac	코냑	꼬냑	Mozart	모차르트	모짜르트
conte	콩트	꽁트	net	네트	넷
cunning	커닝	컨닝	Othello	오셀로	오델로
endorphin	엔도르핀	엔돌핀	outlet	아웃렛	아울렛
fantasy	판타지	환타지	placard	플래카드	플랜카드 /플랭카드
flute	플루트	플룻	running	러닝	런닝
Good morning	굿모닝	굳모닝	staff	스태프	스탭
gown	가운	까운	Martin Luther King	마틴 루서 킹	마틴 루터 킹

위 마지막 항목인 마틴 루서 킹은 미국의 흑인 목사로, 흑인 운동 지도자이자 노벨 평화상 수상자이다. 외래어 표기법에서 'th'는 [ㅅ]으로 통일하여 적기로 하였기 때문에 가운데 이름인 'Luther'를 '루서'라 적는다. 하지만 16세기 독일의 종교 개혁자이자 신학 교수인 루터(Luther, Martin)는 '루서'라고 적지 않고 '루터'라고 적는다. 다시 말하지만 외래어 표기법은 현지인의 발음을 먼저 고려한다고 하였다. 독일어에서 [th]는 'ㅌ'로 발음하기 때문에 '루터'라고 적는 것이다.

위에서 본 것처럼 외래어를 적을 때는 현지인의 발음을 기준으로 하기 때문에 모든 외래어를 정확하게 표기하기는 사실상 어렵다. 외래어 표기법의 제3장에는 우리에게 비교적 익숙한 '영어, 독일어, 프랑스 어, 에스파냐 어, 이탈리아 어, 일본어, 중국어'를 비롯하여 '폴란드 어, 체코 어, 세르보크로아트 어, 루마니아 어, 노르웨이 어' 등 총 21개 국가의 언어에 대한 표기 세칙이 정해져 있다. 얼핏 생각해 봐도 이 모든 언어의 모든 어휘를 정확하게 표기하기는 쉽지 않다.

따라서 낯선 외래어를 한글로 표기해야 할 일이 있을 때에는 먼저 '국립국어원 누리집>사전·국어지식>외래어 표기법>용례 찾기'에서 확인해 보는 것이 좋다. '용례 찾기'에는 2015년 8월 1일 현재 57,862건의 외래어가 올라 있다. '용례 찾기'는 올바른 외래어 표기, 외래어 오표기, 해당 외래어의 로마자 표기, 해당 외래어의 원어 중 어느 것으로 검색해도 된다. 예를 들어, '푸껫 섬/푸켓 섬'의 올바른 표기를 확인하고 싶다면, '푸껫, 푸껫 섬, 푸켓, 푸켓 섬, Phuket, ภูเก็ต' 중 어느 것으로든 검색을 하면 된다. 원어인 'ภูเก็ต'의 일부만으로 검색해도 그 결과를 확인할 수 있다. 그러니까 외래어의 올바른 표기에 확신이 없을 때에는 '용례 찾기'에서 먼저 확인하면 간단하게 거의 모든 문제를 해결할 수 있다. 혹시라도 '용례 찾기'에서 확인이 불가능하고 외래어 표기 세칙을 읽어 보아도 올바른 표기를 알 수 없다면, 국립국어원의 국어생활종합상담실(1599-9979)로 전화하여 상담을 하거나, '국립국어원>묻고 답하기>온라인 가나다'에 질문하면 해답을 구할 수 있다.

⑪ 외래어 다듬기

국립국어원에서는 우리말 다듬기를 지속적으로 시행하고 있다. 이는 한국어에 외래어가 범람하지 않도록 하는 노력이다. 또한 외래어를 지나치게 사용함으로써 발생할 계층 간, 세대 간의 위화감을 줄이기 위한 노력이기도 하다. 따라서 되도록이면 날것 그대로의 외래어보다는 다듬은 말을 사용하도록 하자.

다듬기 대상	어원	다듬은 말	다듬기 대상	어원	다듬은 말
갈라쇼	gala show	뒤풀이공연	무빙워크	moving walk	자동길
골든타임	golden time	황금시간	소셜 네트워크 서비스 (SNS)	SNS, Social Network Service	누리소통망 (서비스)
그라피티	graffiti	길거리그림	소셜 커머스	social commerce	공동 할인구매
그린슈머	← green consumer	녹색소비자	소호	SOHO, Small Office Home Office	무점포사업
글램핑	glamping	귀족야영	숍인숍	shop in shop	어울가게
내비게이션	navigation	길도우미, 길안내기	스마트워크	smart work	원격 근무
네티즌	netizen	누리꾼	스미싱	smishing	문자결제사기
네티켓	netiquette	누리꾼 예절	스카이 라운지	sky lounge	전망쉼터, 하늘쉼터
노미네이트	nominate	후보 지명	스크린도어	screen door	안전문
노블레스 오블리주	Noblesse Oblige	지도층의무	스토리보드	storyboard	줄거리판, 이야기판
더치페이	Dutch pay	각자내기	스파이웨어	spyware	스파이웨어, 정보빼내기 프로그램

드론	drone	무인기	스팸메일	spam mail	스팸메일, 쓰레기편지
디엠(DM)	DM←Direct Mail	우편 광고, 우편 광고물	스폿 광고	spot廣告	토막 광고
바우처 제도	voucher 制度	상품권 제도, 이용권 제도	시즌오프	season off	계절마감, 계절할인
방카쉬랑스	Bancassurance	은행연계보험	신스틸러	scene stealer	명품 조연
보드마커	board marker	칠판펜	실버시터	silver sitter	어르신 도우미, 경로도우미
보이스 피싱	voice phishing	사기 전화	싱크로율	synchro率	일치율
브이오디 서비스 (VOD 서비스)	VOD service, video on demand service	다시보기	아카이브	archive	①자료 보관소, 자료 저장소, 기록 보관 ②자료 전산화
블랙 컨슈머	black consumer	악덕 소비자	아킬레스건	Achilles腱	치명적 약점
선루프	sunroof	지붕창	언론 플레이	言論play	여론몰이
랜드마크	landmark	마루지, 상징물	얼리 어답터	early adopter	앞선사용자
로드매니저	road manager	수행매니저	에어캡	air cap	뽁뽁이
로드무비	road movie	여정영화	에코백	eco-bag	친환경 가방
로드킬	roadkill	동물 찻길 사고, 동물 교통사고	엔딩 크레딧	ending credit	끝자막, 맺음자막
로하스	LOHAS← Lifestyle Of Health And Sustainability	친환경살이	와이브로	WiBro	휴대누리망
론칭쇼	launching show	신제품 발표회	와이파이	Wi-Fi	근거리 무선망

			워킹 홀리데이	working holiday	관광취업
리메이크	remake	(원작) 재구성			
리얼 버라이어티	real variety	생생예능	워킹맘	working mom	직장인엄마
리콜	recall	결함보상, 결함보상제	유비 쿼터스	Ubiquitous	두루누리, 유비쿼터스
리플	Reply의 준말	댓글	유시시 (UCC)	UCC←User Created Contents	손수제작물, 손수저작물
립싱크	lip sync (←synchronization)	입술연기	제로 베이스	zero base	백지상태, 원점
마일리지	mileage	이용실적 (점수)	테스터	tester	체험평가자
매니페스토	manifesto	참공약	팁	tip	①도움말 ②봉사료
모티켓	motiquette	통신 예절	파일럿 프로그램	pilot program	맛보기 프로그램, 시험 프로그램

위에서 보아 알 수 있듯이 현재 우리가 사용하는 외래어는 충분히 우리말로 바꿀 수 있는 것들이 많다. '여론몰이(← 언론 플레이)'라든가 '백지상태, 원점(← 제로베이스)'과 같은 말은 본래 일상적으로 사용하던 말들이다. 그런데 외국어가 그 자리를 대신하여 우리말 어휘가 사라져가고 있다. 국립국어원의 우리말 다듬기 사업에서 새롭게 다듬어진 말인 '다시보기(← 브이오디서비스), 명품조연(←신스틸러), 뽁뽁이(← 에어캡)' 등 대부분의 다듬어진 말들을 보면 외래어를 우리말로 바꾸어 사용하는 것이 그리 어려운 일은 아님을 알 수 있다.

위에서 살펴본, 국립국어원의 우리말 다듬기 사업에서 다듬어진 말의 전체 목록은 말터 사이트(http://www.malteo.net/)에서 내려받을 수 있다.

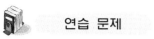 연습 문제

1. 일상생활에서 흔히 틀리게 표기하는 외래어를 찾고, 그 외래어를 외래어 표기법에 맞게 써 보세요.

틀린 외래어	수정	틀린 외래어	수정

2. 자신이 일상생활에서 흔히 사용하는 외래어를 우리말 표현으로 다듬어 보세요.

3. 1번과 2번에서 확인한 외래어를 활용하여 짧은 글을 써 보세요.

4. 3번에 쓴 글을 다른 사람과 바꿔 읽고, 혹시 외래어 표기에 오류가 있다면 수정해 보세요.

제5장

바른 단어

바른 문장을 쓰기 위한 조건은 여러 가지가 있다. 먼저, 문장을 쓸 때는 한글 맞춤법, 띄어쓰기, 표준어 규정과 같은 어문 규정에 맞게 써야 한다. 그 다음에 유의해야 할 것이 바로 맥락에 맞는 단어를 사용하는 일이다. 일상적인 말하기나 글쓰기를 보면 단어의 의미를 잘못 알고 사용하는 경우가 의외로 많다. 때로는 어휘의 의미를 정확하게 알지 못해서 오류를 범하기도 하고, 때로는 형태는 비슷한데 의미가 다른 어휘들을 적절한 맥락에 사용하지 못해서 오류를 범하기도 한다. 이 장에서는 이와 같이 일상적으로 잘못 쓰이는 사례가 많은 어휘들을 살펴보자. 편의상 체언과 수식언, 용언으로 나누어 살펴보겠다. 다음에서 어휘의 의미는 모두 표준국어대사전에서 가져왔으며, 용례들은 표준국어대사전에서 그대로 가져오거나 표준국어대사전의 용례를 참고하여 만들었음을 밝혀 둔다.

1) 체언과 수식언

① 갑절/곱절

'갑절'은 '어떤 수나 양을 두 번 합한 만큼.'이라는 뜻의 명사이다. '곱절'은 '갑절'

과 같은 의미이면서, '일정한 수나 양이 그 수만큼 거듭됨을 이르는 말.'이라는 또 하나의 의미가 있다. 따라서 문장 @에는 '갑절/곱절'을 모두 쓸 수 있지만, 문장 ⓑ에는 '곱절'만 쓸 수 있다.

> @ 생산량이 작년보다 **갑절/곱절**이나 늘었다.
> ⓑ 국민 소득이 십 년 사이에 세 **곱절**이나 늘었다.

② 거저/그저

'거저'는 '아무런 노력이나 대가 없이./아무것도 가지지 않고 빈손으로.'라는 뜻의 부사이다. '그저'는 '변함없이 이제까지./다른 일은 하지 않고 그냥./(('그렇다', '그러하다' 따위와 함께 쓰여))별로 신기할 것 없이./어쨌든지 무조건./특별한 목적이나 이유 없이.'라는 뜻의 부사이다. '거저/그저'는 형태는 유사하지만 의미가 다르므로 쓰임에 주의하여야 한다.

> @ 그는 돈도 안 내고 **거저** 가지려 했다.
> ⓑ 그는 하루 종일 **그저** 잠만 자고 있다.
> 그녀가 다정하게 말을 걸어도 그는 **그저** 웃기만 했다.
> 그렇게 해 주신다니 **그저** 감사할 따름입니다.
> 어쩌는지 보려고 **그저** 한번 해 본 말이다.

③ 결재/결제

'결재(決裁)'는 '결정할 권한이 있는 상관이 부하가 제출한 안건을 검토하여 허가하거나 승인함.'의 의미이다. 따라서 '**결재** 서류'라고 써야 한다. '결제(決濟)'는 '증권 또는 대금을 주고받아 매매 당사자 사이의 거래 관계를 끝맺는 일.'의 의미이다. 따라서 '카드 **결제**'가 맞는 표기이다.

④ 계기(契機)/빌미

'계기'는 '어떤 일이 일어나거나 변화하도록 만드는 결정적인 원인이나 기회.'라는 뜻이다. 이에 비해 '빌미'는 '재앙이나 탈 따위가 생기는 원인.'이라는 의미로 주로 부정적인 내용의 문장에 쓰인다. 그래서 두 단어는 '원인'이라는 의미의 겹침이 있어도 같은 자리에 바꿔 쓸 수 없다.

ⓐ 그는 그 일을 **계기**로 출세가도를 달리기 시작했다.
ⓑ 독재자는 이 사건을 탄압의 **빌미**로 삼았다.

이처럼 의미는 비슷하지만 쓰임이 약간 다른 어휘들에 '때문'과 '탓'이 있다. '때문'은 '어떤 일의 원인이나 까닭.'을, '탓'은 '주로 부정적인 현상이 생겨난 까닭이나 원인./구실이나 핑계로 삼아 원망하거나 나무라는 일.'을 의미한다. 둘 다 원인이나 까닭을 의미하지만, '까닭'은 부정적이거나 긍정적인 내용 모두에 쓰이는 반면, '탓'은 부정적인 내용에만 쓰인다는 차이가 있다. '때문'은 '그는 빚 **때문**에 고생을 했다.', '네가 오기 **때문**에 나는 아주 기뻐.'와 같이 긍정적인 내용과 부정적인 내용 모두에 쓰여도 자연스럽다. 하지만 '너 **때문**이야.'라는 말은 '때문'이 가지고 있는 부정적인 느낌으로 인해 상대방을 원망하거나 나무라는 말처럼 느껴질 수도 있다. 따라서 상대방을 원망하거나 나무라는 경우에는 '네 **탓**이야.'라고 한다거나, 상대방에게 고마움을 표현할 때에는 '네 **덕분**이야.'로 바꿔 쓰는 편이 말하는 사람의 의중을 정확하게 전달할 수 있다.

⑤ 고유어/한글

'고유어(固有語)'는 '해당 언어에 본디부터 있던 말이나 그것에 기초하여 새로 만들어진 말.'이다. '한글'은 '우리나라 고유 문자의 이름.'이다. 다시 말해 '고유어'는 '말'이고, '한글'은 '문자'이다. 그러므로 '동아리는 순수한 한글이고 서클은 외래어이다.'라는 표현은 '동아리는 **고유어**이고 서클은 외래어이다.'라고 고쳐야 한다. 이와 마찬가지로 '<u>한국어</u>는 세계에서 가장 과학적인 <u>언어</u>이다.'는 '**한글**은 세계에서 가장 과학적인 **글자**이다.'라고 고쳐야 한다. 실제로 한글은 매우 과학적인 글자로 인정받고 있지만, 한국어는 배우기가 매우 어렵고 복잡한 언어라고 평가받고 있다.

아울러 '한문(漢文)'과 '한자(漢字)'도 쓰임에 유의하자. '한문'은 '한자(漢字)만으로 쓰인 문장이나 문학.'을 이르고, '한자'는 '중국에서 만들어 오늘날에도 쓰고 있는 문자.'를 말한다. 따라서 '한글 전용이란 글을 쓸 때 **한자**를 쓰지 않는 것을 말한다.', '《금오신화》는 **한문**으로 된 소설이다.'와 같이 써야 한다.

또한 '서울'을 'Seoul'과 같이 적은 것은 한국어를 '영어'로 적는 것이 아니라 '로마자'로 적는다고 해야 한다. 한국어를 '영어'로 적는다는 것은 나는 학생이다.'라는 문장을 'I am a student.'라고 적는 것을 의미한다. '로마자'란 '그리스 문자에서 유래한 음소 문자로 라틴 어를 표기하는 문자.'이고 영어는 독일어, 프랑스 어, 스페인어 따위와 같이 로마자 중의 하나일 뿐이다. 따라서 '도로 표지판에는 지명이 한글과 **로마자**로 병기되어 있다.'와 같이 써야 한다.

⑥ 과반수/반수

'과반수(過半數)'는 '절반이 넘는 수.'이고 '반수(半數)'는 '전체의 절반이 되는 수.'이다. '과반수'는 '반수 이상'과 같은 의미이다. 따라서 '그 법안은 **과반수**의 찬성표를 얻어 드디어 통과되었다.'라고 쓰거나 '그 법안은 **반수 이상**의 찬성표를 얻어 드디어 통과되었다.'라고 써야 맞는 표현이다.

⑦ 경영학/경영학과

학생들이 자기소개를 할 때 '제 전공은 경영학과입니다.'와 같이 말하는 것을 흔히 듣는다. 하지만 이는 틀린 표현이다. '학과'는 '교수 또는 연구의 편의를 위하여 구분한 학술의 분과.'이므로, '경영학과'는 경영학을 가르치거나 연구하는 학과를 의미한다. 그러니까 '제 전공은 경영학과입니다.'와 같이 말을 하면, 경영학이 아니라 경영학과에 대해서 배우거나 연구하는 학과라는 뜻이 되어 버린다. 따라서 '제 전공은 경영학입니다.' 또는 '저는 경영학과에서 공부하고 있습니다.'라고 해야 옳다.

⑧ 껍데기/껍질

'껍데기'는 '달걀이나 조개 따위의 겉을 싸고 있는 단단한 물질.'을, '껍질'은 '물체의 겉을 싸고 있는 단단하지 않은 물질.'을 뜻한다. 그러므로 '달걀 껍데기, 조개 껍데기, 전복 껍데기' 그리고 '귤껍질, 나무껍질, 사과 껍질' 등으로 써야 옳다. 그러면 '조개껍질 묶어'라는 가사는 한국 대중가요의 제목이나 '조개껍질 묶어/그녀의 목에 걸고'는 '조개껍데기 묶어'로 수정해야 할까? 그러지 않아도 된다. '조개껍질'과 '조개껍데기'는 표준국어대사전에 동의어로 등재되어 있다. 국립국어원의 '온라인 가나다'에서는 이는 두 어휘 모두 언중들 사이에서 두루 널리 쓰이고 있어서 복수 표준어로 인정된 것으로 보인다고 설명하였다. 하지만 이 경우를 제외하고는 '껍데기'와 '껍질'을 혼동하여 쓰지 않도록 유의해야 한다.

⑨ 너머/넘어(넘다)

'너머'는 '높이나 경계로 가로막은 사물의 저쪽. 또는 그 공간.'이라는 뜻의 명사이다. '너머'는 실제 움직임을 동반하는 것이 아니라 추상적으로 상상하는 공간을 표현할 때 쓸 수 있다. '넘어'는 동사 '넘다'가 활용한 형태이다. 따라서 '아침에 지각하여서 담을 넘어 등교하였다.'와 같이 쓸 수 있다. 김동환의 시 '산 너머 남촌에는'에서는 '산 너머 남촌에는 누가 살길래'라고 하여, 시적 화자가 상상하는 '산의 저쪽'을 의미하는 데 '너머'를 썼다.

⑩ 반증/방증

'반증(反證)'이란 '어떤 사실이나 주장이 옳지 아니함을 그에 반대되는 근거를 들어 증명함. 또는 그런 증거.'를 말한다. '방증(傍證)'은 '사실을 직접 증명할 수 있는 증거가 되지는 않지만, 주변의 상황을 밝힘으로써 간접적으로 증명에 도움을 줌. 또는 그 증거.'이다. 다시 말하자면 '반증'은 어떤 사실이나 주장을 반대하는 증거이고, '방증'은 어떤 사실이나 증거를 더욱 강화하는 증거이다.

ⓐ 우리는 그 사실을 뒤집을 만한 **반증**을 꼭 찾아야 한다.
ⓑ 친구들끼리 모이면 으레 고스톱을 치는 모습은 우리 사회에 놀이문화가 매우 빈약하다는 사실을 **방증**한다.

⑪ 비율/비중

'비율(比率)'은 '다른 수나 양에 대한 어떤 수나 양의 비(比)'를, '비중(比重)'은 '다른 것과 비교할 때 차지하는 중요도.'를 의미한다. 그래서 '비율'과 '비중'은 같은 자리에 쓰면 어색하다. 예를 들어, '가로와 세로의 황금 비율'이라는 어구에 비율 대신 비중을 넣으면 어색한 표현이 된다. 또한 '비중'은 '높다/낮다, 크다/작다'와 어울리어 쓰일 수 있지만, '비율'은 '높다/낮다, 증가하다/감소하다'와 어울린다.

ⓐ 선진국일수록 평균 수명이 길어 노년층의 **비율**이 높다.
ⓑ 현대 사회에서 영화가 차지하는 **비중**은 아주 크다.

⑫ 유래/유례

'유래(由來)'는 '사물이나 일이 생겨남. 또는 그 사물이나 일이 생겨난 바.'이고, '유례(類例)'는 '같거나 비슷한 예./이전부터 있었던 사례.'이다. 따라서 '유래를 찾기 힘들다'는 '그 기원을 알기 어렵다.'는 뜻이고, '유례를 찾기 힘들다.'는 '이것과 같거나 비슷한 예를 찾기 어렵다./이 이전의 사례를 찾기 어렵다.'는 뜻이다.

> ⓐ 전설 중에는 특정한 풍속의 **유래**를 설명하는 것이 많다.
> ⓑ 이 사건은 역사상 **유례**가 없는 일이다.

⑬ 한참/한창

'한참'은 '시간이 상당히 지나는 동안.'이라는 의미의 명사이면서, '어떤 일이 상당히 오래 일어나는 모양./수효나 분량, 정도 따위가 일정한 기준보다 훨씬 넘게.'라는 의미의 부사이다. '한창'은 '어떤 일이 가장 활기 있고 왕성하게 일어나는 때. 또는 어떤 상태가 가장 무르익은 때.'라는 의미의 명사이면서, '어떤 일이 가장 활기 있고 왕성하게 일어나는 모양. 또는 어떤 상태가 가장 무르익은 모양.'을 나타내는 부사이다. 그래서 '기운이나 의욕 따위가 가장 왕성한 때.'라는 의미의 '한창때'는 가능하지만 '한참때'라는 표현은 쓸 수 없다.

> ⓐ 그들은 폐허가 된 집터를 **한참** 동안이나 둘러보았다.
> **한참** 난투극이 벌어졌다.
> 붉은 노을빛이 아직 **한참** 남아 있어 간신히 글은 보일 정도였다.
> ⓑ 대학가에는 축제가 **한창**이다.
> 벼가 **한창** 무성하게 자란다.
> **한창**때에는 나도 힘깨나 썼지.

⑭ 햇볕/햇빛

'햇볕'은 '해가 내리쬐는 기운.'이다. '햇빛'은 '해의 빛.'을 의미한다. 그러니까 '햇빛'을 받아서 생긴 기운이 곧 '햇볕'이다. '햇빛이 비치다, 햇빛이 밝다, 햇빛이 잘 들다' 따위는 괜찮지만 '햇빛'을 '햇볕'으로 바꿔 쓸 수는 없다. '햇볕이 따뜻하다, 햇볕에 그을리다, 햇볕을 받다, 햇볕을 쬐다' 역시 '햇볕'의 자리에 '햇빛'을 쓰는 것은 어색하다.

ⓐ 고양이가 따뜻한 **햇볕**을 쬐면서 졸고 있다.
ⓑ 풀잎마다 맺힌 이슬방울이 **햇빛**에 반사되어 반짝이고 있었다.

⑮ 홀몸/홑몸

'홀몸'은 '배우자나 형제가 없는 사람.'을, '홑몸'은 '딸린 사람이 없는 혼자의 몸./아이를 배지 아니한 몸.'을 의미한다. '홀몸'과 '홑몸'은 의미가 겹치는 것으로 보이기도 하지만, '홀몸'은 부양해야 할 사람이 없다는 의미가 강하고, '홑몸'은 아무도 없이 혼자라는 의미가 강한 것으로 보인다. 그러니까 '아이를 배지 아니한 몸.'이라는 의미가 아닌 경우에는, 문장에서 드러내고자 하는 의도에 따라서 '홀몸'과 '홑몸'이 자유롭게 쓰일 수 있을 것으로 보인다. 따라서 ⓐ와 ⓑ의 첫 번째 문장은 '홀몸'과 '홑몸' 둘 다 사용하는 것이 가능하지만, 그 의미는 다른 문장이 된다.

ⓐ 사고로 아내를 잃고 **홀몸**이 되었다.
ⓑ 나도 처자식이 없는 **홑몸**이면 그 일에 당장 뛰어들겠다.
　당신은 이제 **홑몸**이 아니니까 뱃속의 아이를 위해서라도 조심해야 해요.

연습 문제

1. 위의 단어들을 활용하여 문장을 만들어 보세요.

〈예시〉
비율/비중: 하루 중에서 그녀를 생각하는 시간의 **비율**이 높다는 것은 그녀가 내 인생
에서 차지하는 **비중**이 그만큼 크다는 뜻일 것이다.

2. 위의 단어들을 활용하여 짧은 단락을 만들어 보세요.

〈예시〉
반증/방증: 과학 기술의 발달이 자연환경을 보호하는 데 도움이 된다는 **반증**은 쉽게
찾을 수 있지만, 자연환경을 보호하는 데 도움이 된다는 **방증**을 찾기는 매
우 어렵다. 과학 기술의 발달이 자연환경을 헤치는 데 결정적인 역할을 한
다는 것은 사실이기 때문이다.

3. 위에서 제시한 단어들 이외에도 자주 혼동되는 어휘들을 찾아 그 의미를 알아
보고, 그 단어들을 활용하여 문장을 만들어 보세요.

〈예시〉
의의/이의
'의의'(意義)의 뜻: 말이나 글의 속뜻./어떤 사실이나 행위 따위가 갖는 중요성이나 가
치.
용례: 이번 탐사는 세계 최초라는 점에서 그 **의의**가 크다.
이의(異議)의 뜻: 다른 의견이나 논의./『법률』민법에서, 타인의 행위에 대하여 반대
또는 불복의 의사를 표시하는 일.
용례: 이 결혼에 **이의**가 있으신 분은 지금 이 자리에서 말씀하시고, 아니면 영원히 침
묵하십시오./재판장님, **이의** 있습니다.

4. 3번에서 찾은 단어들을 활용하여 한 단락의 글을 써 보세요.

〈예시〉
　　이번에 그 과학자가 밝혀낸 법칙이 역사적으로 매우 **의의**가 있다는 데 **이의**를 제기할 사람은 없어 보인다. 하지만 그 법칙이 영원히 의미 있는 것으로 남기는 어려울 것이다. 왜냐하면 역사적으로 볼 때 어떠한 과학적 이론이든지 새로운 이론에 의해서 도전을 받아왔고, 또 새로운 이론에 의해서 더 이상은 과학적 진리가 아니라는 것이 입증되어 왔기 때문이다.

2) 용언

① 가르치다/가리키다

'가르치다'는 '지식이나 기능, 이치 따위를 깨닫게 하거나 익히게 하다.' 등의 의미로 '교육하다'와 같은 말이다. '가리키다'는 '손가락 따위로 어떤 방향이나 대상을 집어서 보이거나 말하거나 알리다.'는 뜻으로 '지시하다'와 동의어이다. 흔히 두 단어를 혼동하여서 '가르키다'로 쓰는 경우가 많은데, 표기에 오류를 범하지 않도록 해야 한다.

> ⓐ 그는 그녀에게 운전을 **가르쳤**다.
> ⓑ 시곗바늘이 이미 오후 네 시를 **가리키고** 있었다.

② 곤욕스럽다/곤혹스럽다

'곤욕스럽다'는 '곤욕을 느끼게 하는 데가 있다.'라는 의미이고, '곤혹스럽다'는 '곤혹을 느끼게 하는 점이 있다.'라는 의미이다. 여기서 다시 '곤욕'은 '심한 모욕. 또는 참기 힘든 일.'을, '곤혹'은 '곤란한 일을 당하여 어찌할 바를 모름.'을 의미한다. 이처럼 '곤욕'과 '곤혹'은 그 의미나 쓰임을 분명하게 딱 잘라서 구분하기가 어려운 지점이 있다. 그러므로 글 쓰는 사람의 의도에 따라서 '곤욕'과 '곤혹'을 선택해야 할 것으로 보인다. 다만 '곤욕'은 주로 '곤욕을 치르다/곤욕을 겪다/곤욕을 당하다'와 같은 표현으로, '곤혹'은 '곤혹을 느끼다'와 같은 표현으로 사용한다. 그러므로 '곤욕을 느끼다'와 같은 표현을 쓰지 않도록 해야 한다. 하지만 '곤욕스럽다'와 '곤혹스럽다'는 그 구분이 더 모호하므로 글을 쓰는 사람이 드러내고자 하는 내용을 더 잘 표현하는 어휘를 골라서 써야 할 것으로 보인다.

ⓐ 나를 싫어하는 사람과 함께하는 식사 시간이 얼마나 **곤욕스러운지** 말로 표현하기가 힘들다.

ⓑ 직장인들은 주위 사람들이 언제 승진하느냐고 물어 올 때가 가장 **곤혹스럽다.**

③ 나가다/나아가다

'나가다'는 '일정한 지역이나 공간의 범위와 관련하여 그 안에서 밖으로 이동하다.' 등의 의미가 있다. '나아가다'는 '앞으로 향하여 가다. 또는 앞을 향하여 가다.'라는 의미이다. 그러니까 '나가다'는 한 공간에서 다른 공간으로 이동하는 것이고, '나아가다'는 어떠한 방향으로 진행하는 것이다. 따라서 두 단어를 바꿔서 쓰지 못한다.

ⓐ 메르스와 같은 전염병이 돌 때는 집밖으로 **나가는** 것을 삼가는 게 좋다.

ⓑ 네 목표를 이룰 때까지 쉬지 말고 앞으로 **나아가라.**

④ 늘리다/늘이다

'늘리다'는 '물체의 넓이, 부피 따위를 본디보다 커지게 하다.'의 뜻이 있다. 이에 비해 '늘이다'는 '본디보다 더 길게 하다.'의 뜻이 있다. 따라서 '늘리다'는 '주차장의 규모를 늘리다/아파트 평수를 늘리다'와 같이 물리적인 공간의 크기 변화를 표현할 때 쓴다. '늘이다'는 '고무줄을 늘이다/바짓단을 늘이다/엿가락을 늘이다'와 같이 길이의 변화를 표현할 때 쓴다. '늘이다'는 이 밖에도 '아래로 길게 처지게 하다.'라는 뜻으로 '바구니를 걸어 그 안에 화분을 넣어서 창가에 **늘였더니** 방안이 환해 보인다.'와 같이 쓸 수 있다.

'벌리다'와 '벌이다'도 이와 비슷한 관계이다. '벌리다'는 '둘 사이를 넓히거나 멀게 하다./껍질 따위를 열어 젖혀서 속의 것을 드러내다./우므러진 것을 펴지거나 열리게 하다.'의 의미이다. 따라서 '책상 간격을 벌리다/밤송이를 벌리다/양팔을 옆으로 벌리다' 등으로 쓸 수 있다. '벌이다'는 '일을 계획하여 시작하거나 펼쳐 놓다./놀이판이나 노름판 따위를 차려 놓다./여러 가지 물건을 늘어놓다.'의 의미이다. 따라서 '사업을 벌이다/장기판을 벌이다/책상 위에 책을 벌이다'와 같이 쓸 수 있다.

⑤ 다르다/틀리다

'다르다'와 '틀리다'는 일상적으로 많이 틀리게 사용하는 어휘 중 하나이다. '다르다'의 뜻은 '비교가 되는 두 대상이 서로 같지 아니하다.'이고, '틀리다'는 '셈이나 사실 따위가 그르게 되거나 어긋나다.'이다. 다시 말해, '다르다'는 '같다'의, '틀리다'는 '맞다/옳다'의 반대말이다. 그러므로 두 어휘를 혼동해서 사용하는 일이 없도록 하자.

ⓐ 성별이나 인종으로 인한 차이는 서로 **다른** 것이지 틀린 것이 아니므로, 이를 이유로 타인을 차별해서는 안 된다.

ⓑ 이 문제는 난이도가 매우 낮아서 **틀린** 답을 쓴 사람은 없을 것이라 믿는다.

⑥ 다리다/달이다

'다리다'는 '옷이나 천 따위의 주름이나 구김을 펴고 줄을 세우기 위하여 다리미나 인두로 문지르다.'이다. 여기에서 파생된 말이 '다리미, 다리미판, 다림질' 따위가 있다. '달이다'는 '액체 따위를 끓여서 진하게 만들다./약재 따위에 물을 부어 우러나도록 끓이다.'이다. '간장을 달이다/보약을 달이다' 등으로 표현할 수 있다. 하나

유의할 것은, '액체 따위가 졸아들다.'는 의미의 어휘는 '닳다'이다. 간혹 '닳다'를 써야 할 자리에 비슷한 형태의 다른 어휘를 쓰는 경우들이 있다. '가스레인지 불을 끄는 걸 잊어버리는 바람에 국물이 많이 **닳았다**.'와 같이 쓰는 것이 올바른 표기이다.

'조리다'와 '졸이다'도 형태는 비슷하지만 의미는 다른 단어들이다. '조리다'는 '양념을 한 고기나 생선, 채소 따위를 국물에 넣고 바짝 끓여서 양념이 배어들게 하다.' 또는 '식물의 열매나 뿌리, 줄기 따위를 꿀이나 설탕물 따위에 넣고 계속 끓여서 단맛이 배어들게 하다.'라는 의미로 쓰인다. 이러한 방식으로 만든 음식들에 '갈치조림, 감자조림, 고등어조림, 두부조림, 멸치조림, 우엉조림, 장조림, 풋고추조림' 따위가 있다. '졸이다'는 '졸다'의 사동사로 '찌개, 국, 한약 따위의 물이 증발하여 분량이 적어지게 하다.' 또는 '속을 태우다시피 초조해하다.'의 의미이다. 하지만 음식 조리법의 의미일 때는 '졸이다'가 아니라 '조리다'를 사용하므로 '갈치조림' 따위의 음식 이름을 '갈치졸임' 따위로 쓰지 않도록 유의해야 한다. '졸이다'는 주로 '가슴을 졸이다, 마음을 졸이다' 등의 표현으로 쓰는 것이 자연스럽다.

⑦ 담다/담그다

'담다'의 의미는 '어떤 물건을 그릇 따위에 넣다.'이다. '김치를 담았다.'라고 하면 김치를 항아리, 김치통, 김치 그릇 따위에 '넣었다'는 뜻이 된다. '담그다'는 '김치·술·장·젓갈 따위를 만드는 재료를 버무리거나 물을 부어서, 익거나 삭도록 그릇에 넣어 두다.'라는 뜻이다. '김치를 담갔다.'라고 하면 김치를 '만들었다'의 의미가 된다. 일상적으로 '김치를 담갔다'고 해야 할 자리에도 '김치를 담았다'라고 잘못 말하는 일이 많다. '담다'와 '담그다'는 의미가 다르므로, '오늘 김치를 **담가서** 김치통에 **담았어**.'라고 명확하게 말해야 한다. 때로는 '담그다'의 기본형을 '담구다(×)'로 잘못 알고 '김치를 담궜다.(×)'와 같이 쓰는 경우도 있는데, '김치를 담갔다.'라고 정확하게 써야 한다.

아울러 '잠그다'와 '치르다'의 표기에도 주의하자. '잠그다'가 기본형이므로 '그는 자물쇠로 책상 서랍을 잠갔다.'와 같이 쓰는 것이 맞다. '잠갔다'를 쓸 자리에 '잠궜다(×)'로 잘못 쓰지 않도록 유의하자. '치르다'도 기본형을 '치루다(×)'로 잘못 알고 '치뤘다(×)'와 같이 쓰는 사람들이 꽤 많다. '어제 마지막으로 아파트 잔금을 **치렀 다.**/큰일을 **치르느라고** 애썼으니 이제 좀 쉬어.'와 같이 써야 한다.

⑧ 두껍다/두텁다

'두껍다'는 '두께가 보통의 정도보다 크다./층을 이루는 사물의 높이나 집단의 규모가 보통의 정도보다 크다./어둠이나 안개, 그늘 따위가 짙다.'의 의미이다. 따라서 '책이 두껍다./지지층이 두껍다./안개가 두껍게 깔렸다.'와 같이 쓴다. 이에 비해 '두텁다'는 '신의, 믿음, 관계, 인정 따위가 굳고 깊다.'라는 의미로 물리적인 두께가 아니라 추상적인 대상을 표현할 때 쓰인다.

> ⓐ 아직은 그다지 춥지 않아서 이렇게 **두꺼운** 이불은 필요 없어.
> ⓑ 두 나라는 예로부터 **두터운** 관계를 유지해 왔다.

⑨ 들르다/들리다

'들르다'와 '들리다'는 형태가 흡사해서 표기상의 오류를 많이 보이는 단어들이다. '들리다'를 써야 할 자리에서는 오류가 안 보이는데, '들르다'를 써야 할 자리에서 종종 오류가 보인다.

'들르다'는 '지나는 길에 잠깐 들어가 머무르다.'라는 뜻이다. '그는 집에 가는 길에 술집에 **들러** 한잔했다.'와 같이 목적지를 향해 가는 도중에 목적지 이외의 장소에 잠깐 들어가 머무르는 경우를 표현할 때 사용한다. 이와는 달리 '들리다'는 '들다'의 피동사이자 사동사이기도 하고, '들다'의 피동사이기도 하다. 따라서 '들리다'는 형태는 같으나 여러 가지 의미를 가진 동사이다.

ⓐ 오늘 김치 담갔으니까 잠깐 **들러서** 김치 가져가.
ⓑ 어디선가 이상한 소리가 **들리면** 빨리 도망쳐.
　아이들에게 재미있는 이야기를 **들렸더니** 아주 좋아했다.
　양손에 짐이 **들려서** 문을 열 수가 없다.

⑩ 맞추다/맞히다

'맞추다'는 '서로 떨어져 있는 부분을 제자리에 맞게 대어 붙이다.' 또는 주로 '보다'와 함께 쓰여 '둘 이상의 일정한 대상들을 나란히 놓고 비교하여 살피다.'의 의미이다. 따라서 '시험을 보고 나서 친구와 함께 답을 **맞춰** 보았다.'는 '친구와 나의 답을 비교해 보았다.'는 뜻이 된다.

'맞히다'는 '맞다'(문제에 대한 답이 틀리지 아니하다.)의 사동사로 '정답을 맞히다/수수께끼나 문제의 답을 맞히다'와 같이 쓰인다. 이때는 정답을 골라낸다는 의미이다.

이와 관련하여 다음의 단어들을 쓸 때에도 잘못 쓰는 사람이 많으므로 주의해야 한다. '마추다(×)'는 '맞추다'를 잘못 쓴 형태이다. 또 '알아맞히다'는 올바르게 쓴 어휘이지만 '알아맞추다(×)'는 잘못된 어휘이다. 가끔 '안성마춤(×), 마춤 구두(×), 양복 마춤(×)'으로 표기한 것을 볼 수 있는데 이는 각각 '안성맞춤, 맞춤 구두, 양복 맞춤'이 맞는 표기이다.

ⓐ 떨어져 나간 조각들을 제자리에 잘 **맞춘** 다음에 접착제를 사용하여 붙였다.

그 형사는 용의자들이 쓴 진술서를 **맞추어** 보고 나서 누군가 거짓말을 하고 있다고 생각했다.

ⓑ 그 문제의 답을 **맞힌** 사람은 전교에서 너 하나뿐이야.

그가 쏜 화살은 과녁의 한가운데를 정확하게 **맞혔다**.

⑪ 말다/않다

'말다'는 보조 동사일 때 동사 뒤에서 '-지 말다' 구성으로 쓰여 앞말이 뜻하는 행동을 하지 못하게 함을 나타내는 말이다. 즉 '금지'의 의미를 담고 있다. 이에 비해 '않다'는 동사나 형용사 뒤에서 앞말이 뜻하는 행동이나 상태를 부정하는 뜻을 나타내며 '-지 않다'의 구성으로 쓰인다. 따라서 '그는 부모님의 가르침을 잊지 말겠다고 다짐하였다.'(×)는 잘못된 표현으로, '말겠다' 대신에 '않겠다'를 써서 "그는 부모님의 가르침을 잊지 **않겠다고** 다짐하였다.'로 써야 한다.

ⓐ 이곳은 물이 깊으니 수영을 하지 **마시오**.

제발 밥 좀 남기**지 말고** 다 먹어.

ⓑ 여기는 물이 깊으니까 여기에서는 수영을 하지 **않겠다고** 약속하세요.

밥을 남기지 **않고** 다 먹을 거지?

⑫ 바라다/바래다

'바라다'와 '바래다'는 의미가 다른 단어이다. 그런데 '바라다'를 쓸 자리에 '바래다'를 쓰는 경우가 있다. 예를 들어, '나는 네가 원하는 일은 모두 이루어지기를 바라.', '그 사건은 우리의 **바람**대로 행복하게 끝이 났다.'라고 해야 하는데, '바래(×), 바램(×)'과 같이 쓰는 경우가 많다.

'바라다'는 '생각이나 바람대로 어떤 일이나 상태가 이루어지거나 그렇게 되었으면 하고 생각하다.'라는 뜻이다. '바래다'는 '볕이나 습기를 받아 색이 변하다./볕에 쬐거나 약물을 써서 빛깔을 희게 하다.'의 의미이다. 따라서 두 단어를 혼동하지 않도록 유의해야 한다.

'당기다'와 '댕기다'를 쓸 때에도 유사한 오류를 보인다. '당기다'는 '호기심이 당기다, 입맛이 당기다, 방아쇠를 당기다, 약속 시간을 당기다'와 같이 쓸 수 있다. '댕기다'는 '불이 옮아 붙다. 또는 그렇게 하다.'의 의미이다. 따라서 '그의 마음에 불이 댕겼다./바싹 마른 나무가 불이 잘 댕긴다.' 등으로 쓸 수 있다. 혹시라도 '당기다'를 '땅기다'로, '댕기다'를 '땡기다'로 쓰지 않도록 주의한다. 단, '땅기다'는 '몹시 단단하고 팽팽하게 되다.'라는 의미를 지닌 표준어로 '얼굴이 땅기다, 상처가 땅기다, 너무 웃어서 수술한 자리가 땅기다' 등으로 쓸 수 있다.

'삭이다'와 '새기다'의 경우도 가끔 두 단어를 혼동하는 오류를 볼 수 있다. '삭이다'는 '소화시키다', '화 따위를 가라앉히다', '기침이나 가래 따위를 가라앉게 하다'의 의미로 쓰인다. 따라서 '돌도 **삭일** 나이인데 그렇게 소화를 못 시켜서 어쩌나.', '그는 숨을 크게 들이쉬고 분을 **삭이려고** 노력하였다.', '생강차는 기침을 **삭이는** 데 좋다.'와 같이 쓸 수 있다. 그에 비해 '새기다'는 '글씨나 형상을 파다./잊지 아니하도록 마음속에 깊이 기억하다./적거나 인쇄하다'의 의미로, '그는 자신의 팔뚝에 딸의 이름을 **새겼다**./이번의 실패를 마음속에 깊이 **새겨서** 다음에는 똑같은 실수는 하지 말자./그는 생애 처음으로 자신의 이름을 **새긴** 책을 출판하였다.'와 같이 쓸 수 있다.

또한 '색이다(×)'는 한국어에는 없는 단어이므로 '삭이다'나 '새기다'를 '색이다(×)'로 쓰지 않도록 유의하자.

⑬ 바치다/받치다/받히다

'바치다/받치다/받히다'는 형태도 비슷하고 발음도 비슷하여 흔히 표기에 오류를 보이는 어휘들이다. 하지만 이 세 개의 어휘는 모두 의미가 다르므로 표기에 주의하여야 한다.

'바치다'는 '신이나 웃어른에게 정중하게 드리다./반드시 내거나 물어야 할 돈을 가져다주다./무엇을 위하여 모든 것을 아낌없이 내놓거나 쓰다.'의 의미로 쓰인다. '받치다'는 '먹은 것이 잘 소화되지 않고 위로 치밀다.', '앉거나 누운 자리가 바닥이 딴딴하게 배기다.', '화 따위의 심리적 작용이 강하게 일어나다.'의 의미이다. '받히다'는 '머리나 뿔 따위로 세차게 부딪치다.'라는 의미를 가진 단어인 '받다'의 피동사이다.

ⓐ 새로 부임한 사또에게 음식을 만들어 **바쳤다.**
　해마다 열심히 세금을 **바친다.**
　그는 평생을 우주 과학 연구에 몸을 **바쳤다.**
ⓑ 아침에 먹은 것이 자꾸 **받쳐서** 아무래도 점심은 굶어야겠다.
　맨바닥에서 잠을 자려니 등이 **받쳐서** 잠이 오지 않는다.
　그녀는 감정이 **받쳐서** 끝내는 울음을 터뜨렸다.
ⓒ 그는 교통신호를 무시하고 달려온 차에 **받혀** 아주 크게 다쳤다.

'부치다/붙이다'도 '바치다/받치다/받히다'와 같은 이유로 오류를 자주 보인다. '부치다'는 '모자라거나 미치지 못하다.', '편지나 물건 따위를 일정한 수단이나 방법을 써서 상대에게로 보내다.', '먹고 자는 일을 제집이 아닌 다른 곳에서 하다.', '((주로 '부쳐', '부치는' 꼴로 쓰여)) 어떤 행사나 특별한 날에 즈음하여 어떤 의견을 나타내다.'

'붙이다'는 붙다'의 사동사로, 봉투에 우표를 붙이다, 연탄에 불을 붙이다, 그는 자기가 하는 일에 대해 이유를 꼭 붙여야 직성이 풀린다, 본문에 주석을 붙이다, 차가운 방바닥에 등을 붙이고 누워 있다, 아이에게 가정 교사를 붙여 주다' 등의 문장으로 쓸 수 있다.

ⓐ 그 일은 이제 기력이 **부쳐** 할 수 없다.

그는 여행지에서 편지를 써서 집으로 **부쳤다**.

삼촌 집에 숙식을 **부치면서** 고등학교를 다녔다.

젊은 세대에 **부치는** 서(書).

⑭ 빌다/빌리다

'빌다'는 '바라는 바를 이루게 하여 달라고 신이나 사람, 사물 따위에 간청하다.', '잘못을 용서하여 달라고 호소하다.', '생각한 대로 이루어지길 바라다.', '남의 물건을 공짜로 달라고 호소하여 얻다.' 등으로 쓴다.

'빌리다'는 '남의 물건이나 돈 따위를 나중에 도로 돌려주거나 대가를 갚기로 하고 얼마 동안 쓰다.', '남의 도움을 받거나 사람이나 물건 따위를 믿고 기대다.', '어떤 일을 하기 위해 기회를 이용하다.' 등으로 쓸 수 있다.

ⓐ 그는 할머니의 병이 빨리 낫기를 하느님께 **빌었다**.

나는 진심으로 부모님께 용서를 **빌었다**.

어머니는 백 일 동안 아들의 합격을 마음속으로 **빌었다**.

심청이는 집집마다 다니며 밥을 **빌어** 아버지를 봉양하였다.

ⓑ 은행에서 돈을 **빌려** 카드빚을 갚다니.

요즘 농촌은 어린아이의 손이라도 **빌려야** 할 정도로 바쁘다.

이 자리를 **빌려** 감사의 말씀을 드립니다.

⑮ 지양하다/지향하다

'지양(止揚)하다'는 '더 높은 단계로 오르기 위하여 어떠한 것을 하지 아니하다.'의 의미이다. 이에 비해 '지향(志向)하다'는 '어떤 목표로 뜻이 쏠리어 향하다.'의 의미이다. 이와 같이 두 단어는 의미가 매우 다르다. 그러므로 서로 바꿔 쓸 수 없으니 사용에 유의해야 한다.

ⓐ 우리나라 정치가 발전하려면 지역주의를 **지양해야** 한다.
ⓑ 그가 **지향하는** 바는 인간과 자연이 공존하는 사회를 이루는 것이다.

연습 문제

1. 위의 단어들을 활용하여 문장을 만들어 보세요.

〈예시〉
　지양하다/지향하다: 나는 우리 모두가 정치적 갈등은 **지양**하고 사회 통합을 **지향**하여 우리 사회가 보다 살기 좋은 사회가 되기를 바란다.

2. 위의 단어들을 활용하여 짧은 단락을 만들어 보세요.

〈예시〉
　빌다/빌리다: 내가 아주 어려웠던 시절에 나는 누구든지 제발 나를 도와주기를 하늘에 간절히 **빌었**다. 그런데 마침 그가 돈을 **빌려** 주어서 그 위기에서 벗어날 수 있었다. 그래서 나는 이 자리를 **빌려** 그에게 감사의 마음을 전하고 싶다. 이제 나는 그 시절의 나처럼 어려움을 겪는 사람을 보게 된다면, 그 시절의 그가 나에게 해 준 것과 똑같이 아무 조건 없이 그 어려운 사람에게 돈을 **빌려** 줄 것이다. 그럴 때 돈을 **빌려** 주는 일은 한 사람의 인생을 살리는 일이기 때문이다.

3. 위에서 제시한 단어들 이외에도 자주 혼동되는 어휘들을 찾아 표준국어대사전
   에서 그 의미와 용례를 알아보고, 그 단어들을 활용하여 문장을 만들어 보세요.

〈예시〉

집다/짚다

'집다'의 뜻: 손가락이나 발가락으로 물건을 잡아서 들다./기구로 물건을 마주 잡아서
들다.

용례: 대부분의 한국 사람들은 젓가락으로 아주 작은 물건도 잘 **집어** 올릴 수 있다.

'짚다'의 뜻: 바닥이나 벽, 지팡이 따위에 몸을 의지하다./손으로 이마나 머리 따위를
가볍게 눌러 대다./여럿 중에 하나를 꼭 집어 가리키다./상황을 헤아려 어떠할 것으로 짐
작하다.

용례: 이번 일은 누가 책임을 지어야 하는지 꼭 **짚고** 넘어가야 한다.

4. 3번에서 찾은 단어들을 활용하여 한 단락의 짧은 글을 써 보세요.

메모

제6장

올바른 문장(1)

바른 문장은 좋은 글의 기본적이면서도 필수적인 조건이다. 문장이란 하나의 완결된 내용을 나타내는 최소의 의미 단위이다. 최소의 의미 단위인 문장이 잘못 쓰이면 자신이 표현하고자 하는 내용을 상대에게 정확하게 전달하는 데 실패하게 된다. 그러므로 글로써 자신의 생각과 느낌을 제대로 전달하고 싶다면 바른 문장을 써야 한다.

바른 문장이란 어법에 맞는 문장을 말한다. 어법에 맞는 문장이란 우선 어문 규정을 정확하게 지킨 문장을 말한다. 두 번째로 어법에 맞는 문장이란 구조적으로 올바른 문장, 즉 한국어 문장에 필요한 요소를 제대로 갖추어 쓴 문장이다. 여기에서는 흔히 보이는, 문장의 구조적 오류를 살펴보기로 한다.

1) 주어와 서술어

한국어 문장의 필수 성분은 주어, 목적어, 서술어, 보어이다. 한국어 문장의 특징 중 하나는 부수적인 문장 성분뿐만 아니라 문장의 필수 성분도 흔히 생략된다는 점이다. 그렇다 보니 문장을 쓰면서 생략되어서는 안 되는 성분들까지 생략을 하여서 문장의 의미가 모호해지기도 한다. 여기에서는 필요한 주어가 생략된 경우, 필요한 서술어가 생략된 경우, 서술어가 적절하지 않은 경우의 문장들을 살펴보자.

① 필요한 주어가 생략된 경우

필요한 주어가 생략되는 오류는 주로 이어진문장에서 보인다. 이어진문장은 '둘 이상의 절(節)이 연결 어미에 의하여 결합된 문장'을 말한다. 문장의 앞부분과 뒷부분의 주어가 같을 때는 뒷부분의 주어를 생략하는 것이 일반적이다. 그런데 문맥상 주어가 무엇인지 추정할 수 있다고 해도, 문장의 앞부분과 뒷부분의 주어가 형태가 다를 때에는 주어를 모두 갖추어 적어야 한다.

> 철수는 올해 유학을 가려고 했지만, 자신의 경제적 사정을 고려하지 않은 분별없는 결정이었다.
>
> 이유: 위 문장은 '철수는 ~ 가려고 했다'와 '(누구/무엇) ~ 결정이었다'의 두 문장이 결합되어 이루어진 문장이다. 따라서 문장의 앞부분과 뒷부분은 각각의 주어와 서술어로 이루어져 있다. 그렇기 때문에 뒷부분의 주어를 생략해서는 안 된다.
>
> 수정: 철수는 올해 유학을 가려고 했지만, <u>그것은</u> 자신의 경제적 사정을 고려하지 않은 분별없는 결정이었다.
>
> 작년에는 이 마을 사람 하나가 눈사태로 세상을 떠났고, 올해에는 교통사고로 목숨을 잃었다.
>
> 이유: 위 문장은 '이 마을 사람 하나는 ~ 떠났다'와 '(누구/무엇) ~ 잃었다'의 두 문장이 결합되어 이루어진 문장이다. 앞 문장과 뒷 문장은 각각의 주어와 서술어로 이루어져 있기 때문에 그 어느 것도 생략해서는 안 된다.
>
> 수정: 작년에는 이 마을 사람 하나가 눈사태로 세상을 떠났고, 올해에는 <u>다른 한 사람이</u> 교통사고로 목숨을 잃었다.

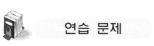

1. 다음 문장들이 틀린 이유를 찾고, 올바른 문장으로 고쳐 보세요.

ⓐ 돌이켜보니 지금의 내 성격을 형성하는 데 많은 영향을 끼쳤다.

이유:

수정:

ⓑ 나는 춤을 잘 추고 싶어서 학원에 다녔는데 언니 친구였다.

이유:

수정:

ⓒ 분쟁 지역의 질서를 회복하기 위해 병력을 파견하였으며 계엄령을 선포하였다.

이유:

수정:

ⓓ 쓰레기는 인체에 유해할 뿐만 아니라 환경에 미치는 심각성을 잘 이해해야 한다.

이유:

수정:

---

② 필요한 서술어가 생략된 경우

필요한 서술어가 생략되어서 발생하는 오류는, 주로 두 개의 문장이 조사 '-와/과'나 연결 어미 '-고'로 이어지는 문장에서 보인다. 조사 '-과/와'나 연결 어미 '-고'로 이어지는 문장은 그 앞과 뒤의 문장이 같은 형식이어야 한다. 문맥상 생략된 부분을 추측하는 것이 가능하다 하여도 조사 '-와/과'나 연결 어미 '-고'의 앞뒤에 오는 문장이 서로 다른 주어나 서술어로 이루어져 있다면 반드시 이를 갖추어서 적어야 한다.

김치는 맛도 영양도 많아 점점 더 세계인의 사랑을 받고 있다.

이유: 위 문장은 '김치는 맛이 + 서술어'와 '김치는 영양이 + 많다'의 두 문장이 결합되어 이루어졌다. 그런데 '영양이'의 서술어는 '많다'로 밝혀져 있으나 '맛이'의 서술어는 생략되고 없다. '맛이 많다'는 자연스럽지 않은 표현이므로 '많다'는 '맛이'의 서술어로 적절하지 않다. 따라서 '맛이'와 의미상 어울리는 적절한 서술어를 갖추어 적어야 한다.

수정: 김치는 맛도 **좋고** 영양도 많아 점점 더 세계인의 사랑을 받고 있다.

특히 여름에는 에너지 절약 및 근무 능률을 향상하는 데 힘써야 한다.

이유: '및'은 '그리고', '그 밖에', '또'의 뜻으로, 문장에서 같은 종류의 성분을 연결할 때 쓰는 부사이다. 위 문장에서 '및'은 조사 '-와/과'와 동일한 기능을 하고 있다. 위 문장은 '에너지 절약 + 서술어'와 '근무 능률을 + 향상하다'의 두 문장이 이어져 이루어졌다. 그런데 '근무 능률을 향상하다'는 자연스럽지만, '에너지 절약을 향상하다'는 의미상 자연스럽지 않은 문장이다. 따라서 문장의 내용에 맞게 '에너지를 절약하다'로 수정하는 것이 좋겠다.

수정: 특히 여름에는 **에너지를 절약하고** 근무 능률을 향상하는 데 힘써야 한다.

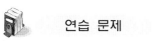

2. 다음 문장들이 틀린 이유를 찾고, 올바른 문장으로 고쳐 보세요.

ⓐ 새롭게 출발하는 저희 부부에게 축복과 격려하여 주신 데 감사드립니다.

이유:

수정:

ⓑ 다문화 가정에 대한 인식의 변화와 관심이 높아지고 있다.

이유:

수정:

ⓒ 이번 실험에서 과학자와 첨단 장비들이 얼마나 성능을 발휘할지 의문이다.

이유:

수정:

ⓓ 지역 주민들은 보상 거부와 환경 영향 재평가를 강력하게 요구하고 있다.

이유:

수정:

---

③ 서술어가 적절하지 않은 경우

주어와 서술어가 호응이 되지 않는 데에는 위에서 살펴본 것처럼 필요한 주어나 서술어를 부적절하게 생략하는 것 말고도 여러 가지 이유가 있다. 여기에서는 주어와 서술어의 호응이 이루어지지 않는 여러 사례들을 살펴보기로 하자.

> 축사의 폐수를 분리하도록 한 것은 축사 주변의 환경 보호를 위한 조치를 강화한 대표적인 예로 들 수 있다.
>
> 이유: 위의 문장의 주어 부분과 서술어 부분을 간략하게 하여 보면 '분리하도록 한 것은 ~ 들 수 있다'가 된다. 이렇게 살펴보면 주어부와 서술어부의 품사가 서로 다르다는 것을 알 수 있다. 따라서 위의 문장은 '것은 ~ 예이다'로 수정해야 한다. 이와 같이 주어부가 길어지면 문장의 구조적 오류가 발생할 가능성이 크다. 그러므로 주어부는 되도록 간결하게 쓰는 것이 좋다.
>
> 수정: 축사의 폐수를 분리하도록 한 것은 축사 주변의 환경 보호를 위한 조치를 강화한 대표적인 예이다. / 축사의 폐수를 분리하도록 하여 축사 주변의 환경 보호를 위한 조치를 강화하였다.

> 그의 주장은 기존의 이론을 새롭게 조명한 것이라 하여 크게 주목받았을 뿐만 아니라 반대도 많았다.
>
> 이유: '뿐(만) 아니라'는 이 어구의 앞에 오는 내용이 긍정이면 뒤에 오는 내용도 긍정이어야 하고, 앞에 오는 내용이 부정이면 뒤에 오는 내용도 부정이어야 한다. 조사 '-도'로 이어지는 문장도 마찬가지이다. 'A도 + B도'의 문장이라면 A와 B가 모두 긍정이든지, 모두 부정이어야 한다. 그래야 내용 연결이 자연스럽다.
>
> 수정: 그의 주장은 기존의 이론을 새롭게 조명한 것이라 하여 크게 주목받았을 뿐만 아니라 **그 가치를 인정받았다.**

3. 다음 문장들이 틀린 이유를 찾고, 올바른 문장으로 고쳐 보세요.

ⓐ 그의 어릴 때 소박한 꿈은 그녀와 결혼하고 싶었다.

이유:

수정:

ⓑ 생선의 신선도는 눈보다 아가미를 보고 고르는 것이 요령이다.

이유:

수정:

ⓒ 장관들의 의견은 청년 실업 문제에 관심을 갖자는 데 뜻을 모았다.

이유:

수정:

ⓓ 이번 교육의 대상은 이사진과 간부들 그리고 평사원을 위한 것이었다.

이유:

수정:

---

4. 주변에서 주어와 서술어의 호응이 잘못된 문장을 찾아서 올바르게 수정해 보세요.

ⓐ   이유: 수정:
ⓑ   이유: 수정:
ⓒ   이유: 수정:
ⓓ   이유: 수정:
ⓔ   이유: 수정:
ⓕ   이유: 수정:
ⓖ   이유: 수정:
ⓗ   이유: 수정:

2) 그 밖의 구조적 오류

① 목적어가 생략된 경우

한국어 문장에서는 문장의 필수 성분인 주어, 서술어는 물론이고 목적어도 흔히 생략된다. 하지만 생략되어서는 안 되는 목적어가 생략이 되어 버리면 문장의 의미가 모호해지는 일이 발생한다. 따라서 필요한 목적어는 반드시 갖추어서 적어야 한다.

우리가 전기를 아껴 쓴다면 자원 낭비와 깨끗한 환경을 지킬 수 있다.

이유: 위 문장은 목적어와 서술어의 연결이 자연스럽지 않은 오류를 보이는 문장이다. 위 문장은 '자원 낭비를 + 서술어'와 '깨끗한 환경을 + 지키다'의 두 문장으로 이루어졌다. '깨끗한 환경을 지키다'는 자연스러운 연결이지만, '자원 낭비를 지키다'는 어색한 표현이다. 따라서 '자원 낭비를'에 어울리는 적절한 서술어를 갖추어 적어야 한다.

수정: 우리가 전기를 아껴 쓴다면 **자원 낭비를 줄이고** 깨끗한 환경을 지킬 수 있다.

나는 좋은 교사가 되기 위해 남보다 두 배로 열심히 할 것이다.

이유: 위 문장은 '나는 ～ 할 것이다'로 이루어져 있다. 그런데 열심히 하는 이유('좋은 교사가 되기 위해')는 밝혀져 있지만 그러기 위해서 '무엇을' 하겠다는 것인지는 밝혀져 있지 않다. 물론 이 문장의 목적어는 '노력'이나 '공부' 정도가 들어가는 것이 자연스러울 것이다. 하지만 이렇게 대략 짐작이 가능하다고 해서 필요한 목적어를 갖추어 적지 않는다면, 읽는 사람이 자기 마음대로 글을 해석할 수도 있다. 따라서 필요한 목적어는 반드시 갖추어 적어야 한다.

수정: 나는 좋은 교사가 되기 위해 남보다 두 배로 열심히 **공부를/노력을** 할 것이다.

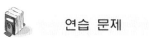

5. 다음 문장들이 틀린 이유를 찾고, 올바른 문장으로 고쳐 보세요.

ⓐ 그는 매사에 쉽게 처리하는 경향이 있다.

이유:

수정:

ⓑ 인간은 자연에 순응하면서도 이용하면서 살아간다.

이유:

수정:

ⓒ 그는 자신의 성격이 무척 이기적이라는 것을 알면서도 남들에게서는 듣기 싫어한다.

이유:

수정:

ⓓ 그녀는 무엇보다 쇼핑을 좋아했고, 나의 취미는 농구였다.

이유:

수정:

---

② 적절한 부사어

부사어는 필수적인 문장 성분은 아니다. 하지만 부사어가 생략되면 의미가 모호해지는 문장들이 있다. 그럴 경우에는 문장의 의미에 맞는 적절한 부사어를 갖추어 적어야 한다.

길을 다니거나 놀 때에는 항상 차를 조심해야 한다.

이유: 위 문장대로라면, 위 문장은 '길을 다니다'와 '길을 놀다'가 결합한 문장이 되어 버린다. 하지만 '길을 놀다'는 매우 이상한 표현이다. 따라서 '놀다'에 어울리는 적절한 어구를 갖추어 적어야 한다.

수정: 길을 다니거나 <u>길에서</u> 놀 때에는 항상 차를 조심해야 한다.

그는 진실한 사랑의 약속으로 준비했던 반지를 주었다.

이유: 동사 '주다'와 '받다'는 '…에/에게 …을'의 구조를 취한다. 따라서 '무엇에 또는 누구에게' '무엇을'이라는 두 대상이 모두 밝혀져야 한다. 위 문장에서도 '그'가 '누구에게' 반지를 주었는지를 밝혀 적어야 한다.

수정: 그는 <u>그녀에게</u> 진실한 사랑의 약속으로 준비했던 반지를 주었다. / 그는 진실한 사랑의 약속으로 준비했던 반지를 <u>그녀에게</u> 주었다.

 연습 문제

6. 다음 문장들이 틀린 이유를 찾고, 올바른 문장으로 고쳐 보세요.

ⓐ 《삼국유사》에 보면 서동이 서동요를 유포하여 선화 공주와 결혼하였다는 이야기가 나온다.

<table>
<tr><td>이유:</td></tr>
<tr><td>수정:</td></tr>
</table>

ⓑ 자격증은 취업은 물론 승진에서도 유리하다.

이유:

수정:

③ 부사어와 서술어의 호응

한국어 문장에는 특정한 부사어에는 반드시 특정한 서술어가 연결되는 것들이 있다. 그 호응 관계를 지키지 않으면 구조적으로 올바르지 않은 문장이 될 뿐만 아니라 문장의 의미도 모호해진다. 따라서 부사어와 서술어의 호응 관계에 유의하면서 문장을 적어야 한다.

> **새침한 표정과는 달리 말투가 여간 상냥하다.**
> 이유: 부사어 '여간'은 주로 부정적 의미를 나타내는 말과 함께 쓰인다. 그래서 '여간 ~ 아니다'나 '여간 ~ 지 않다'의 문장 구조를 취한다. 예를 들어, '여간 힘든 일이 아니다'라든가 '여간 기쁘지(가) 않다'와 같은 문장을 쓸 수 있다. 따라서 부사어 '여간'이 문장의 앞부분에 오면 뒷부분에서는 반드시 부정적인 내용을 취해야 한다.
> 수정: 새침한 표정과는 달리 말투가 <u>여간</u> 상냥하<u>지 않다.</u>

각 지방 자치 단체가 한 나라의 혈관이라면 중앙 정부는 마치 심장 구실을 한다.

이유: 부사어 '마치'는 흔히 '처럼, 듯, 듯이' 따위가 붙은 단어나 '같다, 양 하다' 따위와 함께 쓰여 '거의 비슷하게.'라는 의미를 나타낸다. 따라서 위 문장도 부사어 '마치'와 어울리도록 서술어부를 수정해야 한다.

수정: 각 지방 자치 단체가 한 나라의 혈관이라면 중앙 정부는 마치 심장 **과 같은** 구실을 한다.

 연습 문제

7. 다음 문장들이 틀린 이유를 찾고, 올바른 문장으로 고쳐 보세요.

ⓐ 마치 누군가가 주가를 조작하려는 인상을 받았다.

이유:

수정:

ⓑ 그것은 결코 우연한 일이었다.

이유:

수정:

ⓒ 선거법을 어기고도 뉘우치지 않는 국회 의원은 마땅히 처벌받을 수 있다.

이유:

수정:

---

8. 주변에서 주어와 목적어, 부사어와 서술어의 호응이 잘못된 문장을 찾아서 올바르게 수정해 보세요.

ⓐ 이유: 수정:
ⓑ 이유: 수정:
ⓒ 이유: 수정:
ⓓ 이유: 수정:
ⓔ 이유: 수정:
ⓕ 이유: 수정:
ⓖ 이유: 수정:
ⓗ 이유: 수정:

9. 문장 성분들의 호응 관계에 유의하면서 자유로운 주제로 짧은 글을 써 보세요.

10. 9번에 쓴 글을 다른 사람과 바꿔 읽고, 혹시 문장의 오류가 있다면 수정해 보세요.

메모

제7장

올바른 문장(2)

어문 규정을 잘 지켜서 구조적으로 올바른 문장을 쓰면 일단은 좋은 문장이 될 가능성이 크다. 하지만 그것들 말고도 문장을 쓸 때 유의하여야 할 사항들이 있다. 특히, 여기에서 살펴볼 항목들은 일상적으로 워낙 오류가 많아서 틀린 표현을 맞는 표현으로 알고 있는 경우도 많은 것들이다. 오류 형태를 많이 보다 보니 그것이 눈에 익어서 틀린 표현을 맞는 표현으로 바꾸어 놓으면 오히려 어색해하기까지 한다. 여기에서는 그러한 항목들에 대해서 살펴보고 올바른 표현을 익혀서 의미를 정확하게 전달하는 문장을 쓰도록 하자.

1) 부적절한 표현

부적절한 표현 중에서 가장 대표적인 것이 부적절한 피동과 부적절한 사동이다.

피동문과 사동문은 오류가 많아서 많은 사람들이 오류를 도리어 맞는 표현으로 생각하는 대표적인 항목들이다. 피동문은 피동 표현을 다시 피동으로 표현하여 이중 피동으로 만들어진 경우가 많다. 사동문은 '-하다'가 '…을/를' 문형을 취하는 타동사인 경우 '-시키다'를 쓰지 않는 것이 원칙인데, 직관만으로는 이를 판단하기가 어려워서 오류를 보이는 경우가 많다.

글을 쓸 때 어법에 맞지 않거나 맥락에 맞지 않는 조사를 쓰는 경우도 많이 볼 수 있다. 또한 높임법에서도 어려움을 느끼는 사람들이 많다. 여기에서는 그러한 항목들에 대해서 살펴보고 올바른 표현을 익혀서 올바른 문장을 쓸 수 있도록 하자.

① 피동의 오류

'피동'이란 '주체가 다른 힘에 의하여 움직이는 동사의 성질.'을 말한다. 다시 말해, 주체의 행위가 주체의 의지가 아니라 다른 사람이나 다른 사물에 의해 이루어지는 것을 말한다. 피동문에는 피동사에 의한 피동문, '-어지다'에 의한 피동문, '되다, 받다, 당하다' 등에 의한 피동문이 있다. 이중 피동으로 표현하거나 불필요한 피동 표현을 사용하는 경우에 피동문의 오류가 발생한다.

그 사건은 피해자의 관점에서 이해해야 할 것으로 보여진다.

이유: 피동사는 능동사에 피동 접미사 '이, 히, 리, 기'가 결합하여 만들어진다. 따라서 능동사 '보다'에 피동 접미사 '이'가 결합하여 피동사 '보이다'가 만들어진다. 여기에 또 다른 피동 접미사인 '-어지다'가 결합하여 '보+이+어지다'가 되었다. 이는 피동에 피동을 더한 이중 피동으로 명백한 오류이다. 피동 접미사 '-어지다'는 피동 접미사 '이, 히, 리, 기'가 결합하지 못하는 '만들다, 이루다' 따위의 동사와 결합하여 '만들어지다, 이루어지다' 따위의 피동사를 만들어 낸다. 아울러 '만들어지다, 이루어지다'를 쓸 때는 어간과 어미를 띄어쓰지 않도록 유의해야 한다.

수정: 그 사건은 피해자의 관점에서 이해해야 할 것으로 **보인다.**

여기에서 십자가는 무엇에 빗대어서 표현되고 있는지 확인할 수 있다.

이유: 굳이 피동문으로 쓸 필요가 없는 것은 능동문으로 쓰는 것이 더 자

연스럽다. 위 문장은 굳이 '표현되고 있다'라고 쓰지 않고 그냥 '표현하고 있다'로 써도 그 의미가 충분히 전달된다. 따라서 꼭 필요한 경우가 아니라면 피동 표현을 남용하지 않는 것이 좋다. 또한 능동문일 때와 피동문일 때는 주어와 목적어에 결합되는 조사가 달라지므로 이 점에도 유의해야 한다.

수정: 여기에서 십자가를 무엇에 빗대어서 <u>표현하고</u> 있는지 확인할 수 있다.

 연습 문제

1. 다음 문장들이 틀린 이유를 찾고, 올바른 문장으로 고쳐 보세요.

ⓐ 공적인 자리에서는 생각되어지는 대로 말하면 안 된다.
이유:

수정:

ⓑ 남한과 북한은 삼팔선으로 나뉘어진 지 60년이 넘었다.
이유:

수정:

ⓒ 요즘은 주방용품도 미적인 부분을 생각하여 예쁘게 만들어진 것이 많다.
이유:

수정:

ⓓ 국가가 자꾸 국가의 권한을 강화하면 국가가 개인의 자유와 권리를 침해되게 되는 일이 많아질 것이다.
이유:

수정:

② 사동의 오류

'사동'은 주체가 제3의 대상에게 어떠한 행동을 하게 하는 것을 말한다. 사동문은 '사동사'에 의한 사동문과 '-시키다', '-게 하다'에 의한 사동문이 있다. 이 중에서 가장 오류가 많은 것이 '-시키다' 사동문이다. 이미 사동의 의미를 함유하고 있는 동사의 어간에 사동 접미사 '-시키다'를 결합하여 불필요한 사동문으로 만드는 것이다. 이러한 유형의 사동 오류는 직관적으로 찾아내기가 매우 힘들다. 그러므로 항상 표준국어대사전을 확인하여 그 단어에 '-하게 하다, -하게 만들다'의 의미가 포함되어 있는지를 살펴야 한다. 그런 단어들에는 사동 접미사 '-시키다'를 결합할 수 없기 때문이다.

> **좋은 사람 있으면 소개시켜 줘.**
>
> 이유: 동사 '소개하다'에는 '서로 모르는 사람들 사이에서 양편이 알고 지내도록 관계를 맺어 주다.'의 의미가 있다. '관계를 맺어 주다'에는 '관계를 맺게 만들다'라는 의미가 함유되어 있어, 동사 '소개하다'는 그 자체로 사동문을 만들 수가 있는 동사이다. '소개하다'는 일상적으로 '소개시키다'로 사용하는 오류를 워낙 많이 보이고 있어서, 오류가 오히려 올바른 표현인 것처럼 느껴질 정도이다. 이러한 표현들은 스스로 오류를 반복하지 않도록 특히 유의해야 한다.
>
> 수정: 좋은 사람 있으면 **소개해** 줘.
>
> **이 학교는 근대 초기에 여학생들에게 근대적인 여성상을 교육시켰던 곳이다.**
>
> 이유: 동사 '교육하다'는 '지식과 기술 따위를 가르치며 인격을 길러 주다.'라는 의미를 가진 타동사이다. 따라서 '교육하다'라는 동사에 이미 사동의 의미가 함유되어 있으므로 '-시키다'를 결합할 수 없다.
>
> 수정: 이 학교는 근대 초기에 여학생들에게 근대적인 여성상을 **교육했던** 곳이다.

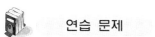 연습 문제

2. 다음 문장들이 틀린 이유를 찾고, 올바른 문장으로 고쳐 보세요.

ⓐ 가지고 오신 차량은 정해진 장소에 <u>주차시켜</u> 주십시오.

이유:

수정:

ⓑ 아침저녁으로 한 번씩 이 운동을 하면 근육을 <u>강화시킬</u> 수 있다.

이유:

수정:

ⓒ 실력을 <u>향상시키려면</u> 부단한 노력이 필요하다.

이유:

수정:

ⓓ 그는 회사를 나가더니 곧장 회사의 기밀을 <u>유출시켰다</u>.

이유:

수정:

---

③ 조사

조사와 관련된 오류에는 관형격 조사 '의'를 '에'로 혼동한다거나, 문형에 맞지 않는 조사를 사용한다거나, 조사를 과도하게 생략하는 사례 등을 흔히 볼 수 있다. 조사에는 문장에서의 문법적 기능을 표시하는 격조사와 특별한 의미를 더하는 보조사가 있다. 보조사는 문법적으로 틀리지는 않았어도 문장의 의미를 보다 더 명확하게 드러내는 쪽으로 수정하는 편이 좋은 경우도 있다. 또한 조사는 특정한 동사와 함께 쓰이기도 하는데, 이런 경우는 직관적으로 알아채기 어려울 수 있으므로 늘 표준국어대사전을 확인하도록 한다.

그런 일은 담당자에게 상의해야 한다.

이유: 동사 '상의하다'는 '(…과) …을'과 같은 형식의 문장으로 쓸 수 있다. 만약에 '담당자에게'를 수정하지 않고 그대로 둔다면 동사는 '상의하다'가 아니라 '말하다, 알리다' 등이 적절하다. 여기에서는 동사 '상의하다'가 이 문장에서 차지하는 의미상 중요성을 고려하여 '담당자에게'를 수정하기로 한다.

수정: 그런 일은 담당자**와** 상의해야 한다.

국회는 역사 왜곡에 대하여 일본에게 강력하게 항의하였다.

이유: 동사 '항의하다'는 '…에/에게 …을'과 같은 문형을 취한다. 이때 조사 '에'는 상대가 기관이나 단체일 때, 조사 '에게'는 상대가 사람일 때 사용한다. 따라서 '정부에 항의하다, 회사에 항의하다, 당국에 항의하다' 따위로 쓸 수 있다.

수정: 국회는 역사 왜곡에 대하여 일본**에** 강력하게 항의하였다.

아리스토텔레스의 '인간은 사회적 동물이다.'는 말이 무슨 의미인지 되새겨 볼 필요가 있다.

이유: 위 문장에서는 아리스토텔레스가 한 말을 직접적으로 인용하였다.

직접 인용에는 약속되어 있는 형식이 있다. 인용된 문장의 끝에는 온점을 찍고, 인용된 문장은 큰따옴표로 묶어야 하며, 인용 조사는 '-라고'이다.

수정: 아리스토텔레스의 "인간은 사회적 동물이다."라는 말이 무슨 의미인지 되새겨 볼 필요가 있다.

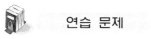 **연습 문제**

3. 다음 문장들이 틀린 이유를 찾고, 올바른 문장으로 고쳐 보세요.

ⓐ 지구에 3/4이 바다여서, 바다를 둘러싼 영토 분쟁이 치열하다.

이유:

수정:

ⓑ 그들도 역시 그런 음식을 먹는 사람들을 혐오감을 느낄 것이다.
이유:

수정:

ⓒ 날마다 꽃나무에게 물을 주었다.

이유:

수정:

ⓓ 드디어 취업했다는 소식을 동생으로부터 들었다.

이유:

수정:

ⓔ 이 지구는 우리가 우리 후손에 빌려 쓰고 있는 곳이다.

이유:

수정:

ⓕ 그는 어제 술이 취해서 한바탕 술주정을 부렸다.

이유:

수정:

④ 부적절한 높임

높임 표현은 주체를 직접 높이는 경우, 주체와 관련된 대상을 간접적으로 높이는 경우, 인용 구문에서 높임 표현을 사용하는 경우 등이 있다. 주체를 직접 높이는 경우는 어미 '-시-'를 사용한다. 예를 들어 '아버지가 출장을 갔다.'라고 하지 않고 '아버지께서 출장을 가셨다.'와 같이 표현한다. 여기에서는 높임 표현을 부적절하게 사용하는 경우들을 살펴보겠다.

다음은 사장님의 격려 말씀이 계시겠습니다.

이유: '계시다'는 '있다'의 높임말이다. 만약에 위 문장과 같이 쓰게 되면 '말씀이 계시겠습니다'가 되어, 높이고 있는 대상은 '사장님'이 아닌 '말씀'이 되어 버린다. 따라서 이때는 '말씀'이 아닌 '사장님'을 높이도록 문장을 수정해야 한다.

수정: 다음은 사장님의 격려 말씀이 있으시겠습니다.

고객님, 지금 고객님께서 주문하신 상품이 배송이 지연되고 계십니다.

이유: 홈쇼핑이나 인터넷쇼핑에서 물건을 주문하면 간혹 상담원이 이런 안내를 해 올 때가 있다. 상담원은 '고객님'을 높이고 싶었겠지만 이 문장에서

높임의 대상은 '배송'이다. 이 상황에서는 '고객'을 '고객님께서'로 높이고, '주문한'이 아니라 '주문하신'으로 표현한 것으로 충분하다.

　　수정: 고객님, 지금 고객님께서 주문하신 상품이 배송이 지연되고 **있습니다.**

　　연습 문제

4. 다음 문장들이 틀린 이유를 찾고, 올바른 문장으로 고쳐 보세요.

ⓐ 할아버지께서 많이 <u>아프셔</u>.
이유:
수정:
ⓑ 선생님께서 너 <u>오시래</u>.
이유:
수정:
ⓒ 소방대원들은 화재 현장에서 국민의 생명을 <u>구하시기</u> 위해서 <u>애쓰시고</u> <u>계시다</u>.
이유:
수정:
ⓓ 교수님, 지금 3학년 <u>선배님께서</u> 1학년들 다 <u>모이시라고</u> <u>하셔서</u> 가 봐야겠습니다.
이유:
수정:

⑤ 부적절한 시제와 어미

어미에는 종결 어미, 전성 어미, 연결 어미가 있다. 어미들은 항상 용언의 어간에 붙어 함께 사용하게 되기 때문에, '어미'의 문제를 '어미'로만 독립해서 취급하기는 어렵다. 부적절한 시제와 부적절한 어미도 서로 다른 영역이라 할 수 있다. 하지만 부적절한 시제는 주로 어미의 오류로 나타나므로 여기에서 함께 살펴보기로 한다.

> **오늘 하루 행복하세요.**
> 이유: 어미 '-세요'는 가벼운 명령의 의미를 함유하고 있다. '행복하다'는 형용사여서 명령형이나 청유형과는 함께 사용할 수 없다. 예를 들어, 누군가에게 '부디 아름다워라.'라든가 '부디 아름다우세요.'라고 명령할 수는 없다. '아름답다'는 형용사여서 동작성이 없으므로 명령의 대상이 아니다. 마찬가지로 형용사 '행복하다' 역시 '-세요'와 결합한 명령형으로는 쓰일 수 없다.
> 수정: 오늘 하루 <u>행복하시기를 바랍니다.</u>

> **환경 문제를 해결하기 위한 노력 사례를 발표하겠습니다.**
> 이유: 최근 들어 부쩍 '용언의 어간+명사'를 부자연스럽게 사용하는 경우가 많아졌다. 이러한 현상은 인터넷상에 글을 쓰거나 스마트폰으로 메시지 따위를 보낼 때, 좀 더 빠르게 정보를 처리하고자 하는 의식에서 빚어지는 것으로 보인다. 내용을 축약해서 긴 메시지를 짧게 만드는 데에만 몰두하다 보니 어법상의 옳고 그름은 순간 잊어버리는 것 같다. 하지만 문장을 지나치게 축약하면 그 내용을 정확하게 전달하지 못하는 실수를 할 수 있다.
> 수정: 환경 문제를 해결하기 <u>위해 노력한</u> 사례를 발표하겠습니다.

 연습 문제

5. 다음 문장들이 틀린 이유를 찾고, 올바른 문장으로 고쳐 보세요.

ⓐ 마을 사람들은 이날 다리를 밟으면 일 년간 다릿병을 앓지 <u>않았다고</u> 하여 이 다리밟기를 즐겼다.

이유:

수정:

ⓑ 고대인들은 우주의 비밀을 어떻게 풀 수 <u>있을지</u>, 아무리 생각해도 신기한 일이다.

이유:

수정:

ⓒ 오늘날 전 세계적으로 이 회사의 제품을 쓰지 <u>않은</u> 곳이 없다.

이유:

수정:

ⓓ 글의 내용을 더 깊이 있게 이해하려면 글쓴이의 생각과 나의 생각을 <u>비교하여</u> 읽는 것도 좋은 방법이다.

이유:

수정:

2) 다듬은 문장

우리가 평소에 사용하는 문장들은 번역 투가 의외로 많다. 외국의 글을 한국어로 번역할 때 한국어에서는 사용하지 않는 표현, 문장 구조 따위를 그대로 가져오는 경우가 많다. 그러다 보니 인쇄된 책이나 신문 기사 따위에서 번역 투 문장을 자주 접하게 된다. 오류 문장이 눈에 익고 귀에 익으면 그것이 오류인 것을 알아차리지 못할 수가 있다. 따라서 어떤 문장들이 번역 투인지를 살펴보고 그것을 사용하지 않도록 유의해야 한다.

이런 사실은 아무리 강조해도 지나치지 않는다.

이유: '아무리 ~해도 지나치지 않는다'는 "It is not too much to'를 직역한 표현으로 본다. 외국어 문장을 한국어로 번역할 때는 한국어의 문장 구조나 한국어식 표현에 맞게 하는 것이 좋다.

수정: 이런 사실은 아무리 강조해도 지나침이 없다. / 이런 사실은 여러 번 강조함이 당연하다.

우리 교수님은 좋은 목소리를 가졌다.

이유: 이 문장 역시 영어식 문장을 우리말로 직역한 것이다. 한국어에서는 그 사람의 신체의 일부를 '가지다'는 동사로 표현하지 않는다. 그러니까 '그는 멋진 몸매를 가졌다.'라고 하지 않고 '그는 몸매가 멋지다'라고 표현한다. 유사한 사례가 '운동장에는 많은 사람들이 있다.'라는 표현이다. 이것은 영어 'There are many people in the playground.'를 직역한 문장이다. 한국어에서 '많다'는 서술어 자리에 쓰이는 형용사이다. 따라서 이 문장은 '운동장에는 사람들이 많다.' 또는 '운동장에는 사람들이 많이 있다.'로 수정하는 것이 좋다.

수정: 우리 교수님은 <u>목소리가 좋다</u>.

나는 부모님에 의해 예의 바르고 친절한 아이로 자랐다.

이유: 번역 투 문장의 특징 중 하나가 바로 불필요하게 수동태 문장이 많다는 것이다. 이 문장은 '키우다, 기르다' 등의 동사를 사용하여 능동태로 표현하는 것이 좋다.

수정: <u>우리 부모님은 나를</u> 예의 바르고 친절한 아이로 <u>기르셨다</u>.

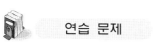

6. 다음 문장들이 틀린 이유를 찾고, 올바른 문장으로 고쳐 보세요.

ⓐ 그는 이번 겨울방학에 미국으로 어학연수를 갈 계획을 <u>가지고 있다</u>.

이유:

수정:

ⓑ 학내 폭력을 일으킨 학생들에게는 자숙하는 시간을 <u>필요로 한다</u>.

이유:

수정:

ⓒ 눈이 너무 <u>나쁜 관계로</u> 라섹 수술은 안 된다고 하였다.

이유:

수정:

ⓓ 푸껫 섬은 타이 남부<u>에 위치한 섬으로</u> 해안은 관광지로 유명하다.

이유:

수정:

---

7. 위에서 이야기한 부적절한 표현에 유의하면서 자유로운 주제로 짧은 글을 써 보
세요.

8. 7번에 쓴 글을 다른 사람과 바꿔 읽고, 혹시 문장의 오류가 있다면 수정해 보세
요.

제 2 부
사고와 표현

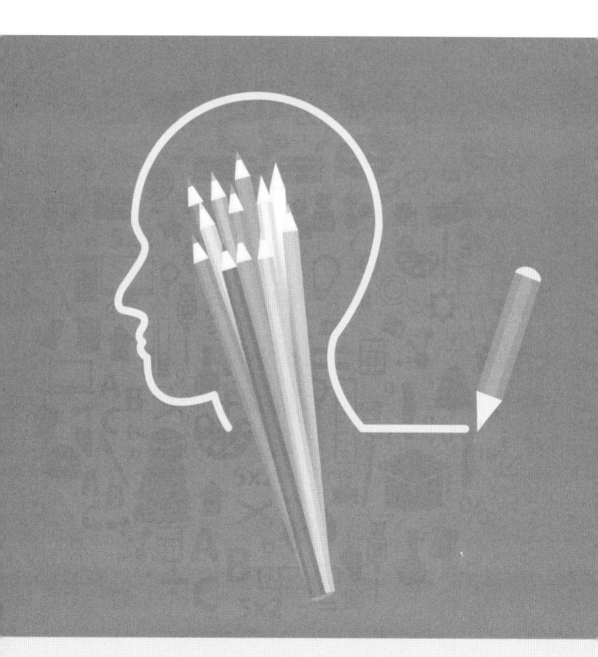

1. 흔적 남기기

옛말에 "호랑이는 죽어서 가죽을 남기고 사람은 죽어서 이름을 남긴다."라는 말이 있다. 이 세상을 살다간 모든 존재들은 왔다간 흔적을 남기기도 하고 흔적 없이 사라지기도 한다. 흔적 없이 사라져 가는 것을 무의미한 것으로 여겼던지 우리 조상들은 죽어서 이름을 남길 정도의 가치 있는 삶을 살도록 독려했던 것이다. 그러나 보통 사람들에게 '이름을 남길' 정도의 훌륭하고 뜻 있는 일은 한낱 다른 사람의 일로 여겨지기도 한다. 그래서 때로는 흔적 없이 살다 가는 것도 미덕이 될 수 있음을 역설하기도 한다.

그러나 정말 우리는 흔적 없이 살다 가기를 원할까? 아니 흔적 없이 살다 갈 수 있을까? 그 흔적의 크기, 영향력, 가치에 따라서 다르기는 하겠지만 사람은 어떤 형식으로든 살아온 흔적을 남긴다. 또한 그 흔적은 자신이 살아온 발자취를 보여주는 거울이다. 그래서 때로는 능동적으로 그 흔적을 남기려 한다.

글을 쓴다는 것은 자신의 삶의 흔적을 남기는 일이다. 그것이 삶의 흔적을 충실히 남기는 일기에서만 그런 것이 아니라, 누군가에게 쓴 편지, 간단한 메모글, 리포트, 보고서, 시험 때 제출했던 시험 답안까지 모두 자신이 살아온 날들의 흔적이다. 그 흔적이 자신에게 남아 있든 그렇지 않든 간에.

글에는 한 사람의 인격이 묻어난다고 한다. 글 쓰는 사람의 마음이나 생각, 태도, 가치관 등이 글에 반영되기 때문이다. 글은 한 사람의 세상을 보는 안목의 깊이와 넓이를 보여주기에 삶의 흔적으로서 글은 곧 자신을 보여주는 것이기도 하다. 좀 더 멋진 자신의 모습을 남기기 위한 작업, 그것이 글쓰기를 익혀야 하는 이유이다.

자신의 이름에 얽힌 사연을 써보세요.

1) 스쳐가는 생각 붙잡기

우리는 생활하면서 많은 생각을 한다. 어제 본 드라마가 재미있었다는 생각, 친구의 사랑 이야기를 들으면서 기억 속의 내 연인에 대한 생각, 우연히 길에서 마주친 사람이 불현듯 과거로 나를 이끌면서 하게 되는 생각 등 참으로 많은 생각을 한다.

그러나 이런 생각들은 자취도 없이 사라져 버리기 쉽다. 사회에서 인정을 받는 시인이나 소설가, 또는 사업가들은 이렇게 떠오르는 생각들을 붙잡기 위해 많은 노력을 한다. 수첩을 준비해 두었다가 생각이 떠오르는 즉시 메모하고, 전에 메모해 두었던 것을 정리한다. 이렇게 적어 놓은 생각들이 나중에 감동을 주는 시로 만들어지기도 하며, 한 편의 소설로 탄생하기도 하고, 사업을 발전시키는 밑거름이 되기도 한다.

글을 쓴다는 것은 그저 말만 길게 늘어놓는 것이 아니라, 생각을 엮어 가며 어떤 상황이나 사건들이 지니고 있는 의미를 발견하는 작업이다. 하루가 다르게 전해지는 각종 소식들과 사건들을 그저 지나쳐 버린다면 그것들은 나와 관련이 없이 그저 지나가는 일일 뿐이다. 그러나 그것들에 자신의 생각을 덧붙여 보고 의미를 발견해 낸다면 세상을 보는 안목이 달라질 것이다. 그렇기 때문에 생활 속에서 글을 즐겨 쓰게 되면 생각할 수 있는 힘과 사물을 보고 안목을 기를 수 있다.

그러므로 생활 속에서 스쳐 가는 생각들을 항상 메모해 두거나, 일기를 쓰거나, 책을 읽거나, 영화를 보고 받은 감동을 적어 두거나, 생활 주변의 이야기를 컴퓨터 통신에 올리는 등의 방법으로 생활 속에서 글쓰기를 즐긴다면 우리는 좀 더 폭넓은 사고, 세상이나 사물에 대한 깊이 있는 안목을 가지고 이 세상을 살아갈 수 있을 것이다.

지금 스쳐 가는 생각을 써보세요.

2) 경험 나누기

삶은 경험의 연속이다. 일평생 사람들은 많은 일들을 겪어 내면서 살아간다. 그 경험들 중에는 스스로 자처한 경험도 있지만 뜻하지 않게 경험하는 일들도 부지기수이다. 그런데 이런 경험들이 한 편의 글로 완성되었을 때에는 그 경험은 경험한 사람 개인의 차원을 넘어서는 것이 된다. 글은 서로의 경험을 나누고 확대시키는 효과적인 수단이며 사람들은 글을 통해 경험의 무한 확장이 가능하게 된다.

경험이 글의 형태로 재현되었을 때 글을 쓴 사람과 그 글을 읽는 사람 사이에는 시간과 공간을 뛰어 넘는 소통이 이루어진다. 글쓰기를 통해 인류는 상호간에 직접적인 만남이 없어도 세상사의 이치를 논하면서 더 많은 지혜를 나눌 수 있게 되었다. 한마디로 글쓰기는 인류의 안목을 넓히고 지식을 심화시키는 지름길이 된 것이다.

글쓰기는 한 개인의 인격적인 성숙에 의해서 발현될 때 빛을 발한다. 인격적인 성숙이란 어떤 경험에 대해 자신의 주체적인 신념과 가치관에 의거해 판단을 내릴 수 있는 정도를 말한다. 성숙의 정도는 어떤 경험에 대해서 표면의 현상만이 아니라 그 이면에 숨겨진 사태나 상황을 살피는 한편 경험의 전후 맥락까지 파악함으로써 경험 자체를 온전히 자기의 것으로 체화할 수 있는 능력의 정도이다. 달리 말하면 세상을 보는 안목인 동시에 세상을 자기화하는 역량이기도 하다.

세계 여행을 해 본 사람과 그렇지 않은 사람은 세상을 보는 안목이 같을 수 없다. 경험의 차이 자체가 사고의 차이를 만들기 때문이다. 마찬가지로 세계 여행을 하면서 글로 남긴 사람과 그렇지 않은 사람은 경험의 질적인 측면과 경험의 파급력에서 큰 차이를 보일 수밖에 없다.

글을 쓰기 위해서는 자신이 겪은 경험을 다시 머릿속에 떠올려야 하고 그것을 표현할 수 있는 적합한 어휘나 문장을 다시 한 번 깊이 생각해 보아야 한다. 이 때 글을 쓰는 이는 경험에 대한 나름대로의 시각을 확고하게 정립하게 된다. 막상 경험 자체를 글로 쓰려 한다면 글 쓰는 이는 우선 그것을 객관화시켜야 하고 다음으로 그 글을 읽는 사람들의 이해를 돕기 위해 논리적인 사유를 하지 않을 수 없다. 이러한 과정 자체가 경험의 질을 높이게 된다. 이렇게 해서 쓰인 글은 그 글을 읽는 다른 사람들에게 새로운 자극인 동시에 세상에 대한 또 다른 발견이자 또 하나의 경험이 된다.

3) 상상 공유하기

현실 세계와 관련이 있든 없든 간에 인간이 펼치는 상상의 세계는 무한하다. 상상의 세계는 꿈꾸는 모든 것을 이룰 수 있는 세계이며 불가능이 존재하지 않는 세계이다. 무엇이든 가능하기 때문에 무엇이든 꿈꿀 수 있다. 때로는 결핍된 현실을 보상 받기 위해서 상상을 하기도 하고 현실에서 결코 일어날 수 없는 일들을 상상하기도 한다. 겪어보지 못한 세계를 상상하여 마음에 그려 보기도 하고 현실 속에서 있을 법한 사건이나 상황들을 상상해 보기도 한다.

그러나 이런 상상력이 한 사람의 머릿속에만 자리하고 있을 때 그 상상의 힘은 발휘되지 못한다. 어떤 형식으로든 상상이 가시적인 형태로 나타나 다른 사람과 공유될 수 있다면 상상은 그 이상의 힘을 갖게 된다. 상상이 공유되었을 때 상상의 세계는 새로운 세계를 창조하게 되는 것이다.

우리가 주변에서 흔히 접하는 재미있는 이야기들도 대부분은 상상의 산물이다. 물론 이야기에 따라서는 실제 상황을 전제로 한 것들도 있지만 그 실제 상황도 언어라는 매체를 통해서 재현이 되었을 때는 상상의 산물일 수 있다.

글의 형태로 존재하는 이야기들은 한 개인의 상상의 산물이지만 그것은 타인과 공유되는 이야기이다. 그리고 공유된 이야기를 통해 작가와 독자는 소통을 하게 된다. 또한 이야기는 다른 사람에게 재미와 감동을 불러일으키고 마음을 움직이게 하는 힘이 있다. 우리가 살아가면서 수많은 이야기들을 읽는 것도 또다른 세계에서 또다른 이들과 소통하기 위함이며 재미와 감동을 얻기 위함이다.

글쓰기는 다른 사람과 상상을 공유하는 가장 효과적인 수단이다. 살아가면서 제 마음껏 상상하는 무한한 세계를 언어화 하는 일, 그것은 다른 사람과 공동의 세상을 함께 열어가는 작업이다.

상상의 세계를 글로 펼쳐 보세요.

2. 삼다설

　삶의 흔적이기에 한 사람의 인격을 담아내기도 하는 글, 그렇기에 글은 잘 써야한다. 많은 사람들이 공감하고 인정해 주는 글을 내 삶의 흔적으로 남길 수 있기 위해서는 어떻게 해야 할까?

　흔히 글을 잘 쓰는 데는 왕도가 없다고 한다. 어떤 사람은 글 쓰는 재주는 타고난다고 하기도 한다. 물론 타고나는 사람들도 있겠지만 대부분의 평범한 사람들에게 글쓰기는 여전히 어렵고 고된 작업이다. 현대인에게 있어 글을 쓰지 않고 살아가기는 어려운 일, 어차피 평생을 두고 써야만 하는 글이라면 글을 잘 쓰는 방법을 익혀두는 것도 삶에 대한 투자라 생각해 볼 일이다.

송나라의 유명한 문장가 구양수(歐陽脩)는 글을 잘 쓰려면 "많이 읽고[多讀], 많이 쓰고[多作], 많이 생각하라[多商量]"고 했다. 이것이 이른바 삼다설(三多說)이다. 이 말은 글쓰기에 관한 고전적 발언으로 글쓰기에서는 하나의 진리처럼 간주되는 말이다. 그렇다면 이 진리를 우리도 진지하게 받아들여야 할 것이다.

글을 잘 쓰려면 어떻게 해야 할까요?
자신의 생각을 써보세요.

1) 읽은 만큼 쓴다

학창시절 부모님이나 선생님으로부터 흔히 들었던 말 중에 하나가 "좋은 친구를 사귀라."는 것이었다. 좋은 친구를 사귀게 되면 친구로부터 많은 것을 보고 배울 수 있어 자신도 좋은 사람이 될 수 있기 때문이라는 것이었다. 글도 마찬가지이다. 좋은 글을 많이 읽게 되면 그 글로부터 많은 것을 얻어 배울 수 있다. 그렇기에 좋은 글을 쓰기 위한 첫 번째 조건이 '다독'인 것에 동의하게 된다.

그렇다면 좋은 글로부터 우리는 무엇을 얻을 수 있을 것인가? 우선 생각해 볼 수 있는 것은 글에서 담아내고 있는 많은 내용들일 것이다. 우리는 글을 통해 각종 정보와 지식 등을 얻는다. 또한 직접 경험하지 못하는 많은 것들을 글을 통해 경험하기도 하고 세상에서 벌어지고 있는 여러 상황이나 사건들에 대한 의미와 가치를 발견하기도 한다. 글을 통해 세상을 보는 안목의 폭과 깊이를 더할 수 있는 것이다. 따라서 좋은 글을 많이 읽을수록 풍부한 내적 경험을 쌓게 되고 이것은 좋은 글을 쓰는 데 밑거름이 된다.

또한 우리는 글을 읽는 것을 통해 무의식 중에 글의 형식과 방법을 익힐 수도 있다. 글에는 그 글의 장르가 고유하게 지니는 특정한 형식적 요건이 있게 마련이다. 이런 모든 글의 형식은 이전 시대로부터 전수되어 온 것이다. 특정 장르의 글을 쓰는 형식에 대하여 체계적으로 배우기도 전에 그 장르의 글을 우리가 쓸 수 있는 것도 그와 유사한 장르의 글을 읽은 경험이 있기 때문에 가능한 것이었다. 따라서 글 읽기는 앞선 세대들이 이룩해 놓은 각 장르의 형식적 요건을 습득하는 과정으로 볼 수 있다.

글을 잘 쓰는 방법으로 '다독'을 권장했던 것은 바로 이러한 이유들 때문이다. 쓸거리에 대하여 많이 알고 쓰는 방법에 대하여 많이 알게 된다면 자연히 좋은 글을 쓸 수 있게 될 것이다. 글 읽기는 글을 쓰는 데 필요한 내용뿐만 아니라 글의 형식과 글을 쓰는 방법까지도 가르쳐주는 훌륭한 스승인 것이다.

가장 최근에 읽은 것에 대해 자신의 생각을
글로 써보세요.

2) 쓰는 만큼 는다

수영을 잘하는 친구가 있다고 하자. 그 친구의 수영 솜씨는 타의 추종을 불허한다. 그래서 친구가 하는 수영을 세심하게 관찰하고 또한 수영하는 방법에 대해서 자세하게 이론적으로 배웠다. 그런 후에 바로 물속에 들어가서 수영을 한다면 어떨까? 아마도 십중팔구는 허우적거리고 물을 먹게 될 것이다.

글쓰기도 이와 똑같다. 좋은 글을 많이 읽고, 그래서 쓸 내용도 풍부하고 글의 형식이나 글쓰기의 방법에 대해서 많은 것을 알고 있다고 하더라도 단번에 좋은 글이 써지는 것은 아니다. 생각한 것만큼 글이 잘 써지지 않는 경험들은 누구나 다 가지고 있을 것이다. 이는 글쓰기 훈련이 되지 않았기 때문이다.

글을 잘 쓰기 위해서는 많이 써 봐야 한다. 글은 쓰는 만큼 는다. 이론적으로 아무리 잘 알고 있다고 하더라도 그것이 내 것이 되기 위해서는 실제 글쓰기라는 과정을 통해서만 내 것으로 체득되어야 한다. 어느 누구도 처음부터 좋은 글을 쓸 수 있었던 것은 아니다. 그러니 겁내지 말고 뛰어드는 게 중요하다. 처음부터 훌륭한 글을 쓸 생각을 버리고 그냥 글을 쓴다 생각하고 써 보는 것이 중요하다.

부족하고 마음에 들지 않지만 꾸준히 글을 쓰고, 자신이 쓴 글을 꾸준히 검토하고 보완해 나간다면 어느 순간 훌륭한 글이 내 삶의 흔적으로 한 모퉁이를 차지하고 있을 것이다.

글을 즐겁게 썼던 적이 있었나요?
있다면 언제, 무슨 이유로 썼었는지 표현해 보세요.

3) 생각한 만큼 쓴다

많은 것을 알고 있고 많은 것을 경험했다고 해서, 그리고 많이 써 본다고 해서 꼭 글을 잘 쓸 수 있는 것은 아니다. 많은 글을 읽고 실제로 많은 것을 경험한 것들이 글을 쓰는 데 좋은 소재거리를 줄 수는 있지만 이것들에 대한 자기화 과정이 없다면 그것은 한낱 단편적인 지식, 단편적인 경험에 지나지 않을 뿐이다. 경험이 인간을 성숙시키는 것은 분명하지만 '어떻게' 생각하느냐, 그리고 '무엇을' 생각해야 하느냐 또한 매우 중요하다. 이는 곧 세상을 보는 안목을 드러내기 때문이다.

동일한 세월을 살고 비슷한 경험을 하며 살아온 사람들 사이에서 세상을 보는 안목의 차이가 생기는 것은 바로 생각의 차이에서 기인한다. 깊이 있는 사고, 참신한 사고, 세심한 관찰력 등은 세상사를 인식하는 안목의 깊이를 더한다.

그러나 생각을 한다는 것이 그리 쉬운 일은 아니다. 어떤 상황이나 사건에 대해 깊이 있는 생각, 폭넓은 생각을 하기 위해서는 생각의 밑바탕이 되는 배경 지식이 바탕에 깔려 있어야 하기 때문이다. 따라서 배경 지식을 넓히는 일과 생각하는 일은 순서의 문제가 아니라 동시에 이루어져야 한다.

글쓰기가 괴로웠던 적이 있었나요?
있다면 언제, 무슨 이유로?
구체적인 상황을 자세하게 글로 표현해 보세요.

 '댓글 놀이'라는 말이 있다. 네티즌들이 인터넷 게시판이나 기사 중에서 흥미를 끌 만한 기사가 있으면 댓글을 경쟁적으로 다는데, 댓글이 짧은 시간에 수백, 수천 개가 올라온다. 이런 현상에 대해 개인의 의견을 말할 수 있는 열린 공간의 확대라는 긍정적 평가를 내리는 사람도 있지만, 눈여겨볼 가치도 없고 별 볼 일 없는 사이버 공간상의 단순한 배설 행위로 간주하는 사람도 있다. 그러나 여기서 중요한 것은 댓글 내용의 의미나 진정성, 진실성보다는 이것이 하나의 놀이로 간주된다는 사실이다. 그냥 순간순간 떠오르는 단편적인 생각들을 풍자적으로, 해학적으로 풀어내면서 댓글 다는 것을 놀이로 즐긴다. 심지어는 댓글 놀이를 하는 전용 사이트까지 생겨날 정도이다. '댓글'도 분명 글을 쓰는 일인데, 이렇게 재밌게 글쓰기를 한다는 것, 이것은 분명 글쓰기에서 네티즌들에게 새로운 경험을 선사했다.

 "나는 논다. 고로 존재한다."는 '호모 루덴스(Homo Ludens, 유희하는 인간)'의 선언이 굳이 글쓰기에서만 예외여야 하는가? 일도 놀이처럼 하는 마당에 글쓰기라고 놀이처럼 재밌게 즐기면서 하지 못할 이유는 없다.

 우리 주변에 알려진 놀이로 하는 글쓰기는 여러 가지가 있다. 대표적인 것이 삼행시 짓기일 것이다. 끝말 이어가기, 세로로 '가'부터 '하'까지(또는 'A'부터 'Z'까지) 써 놓고 해당 글자로 시작하는 글을 쓰는 '가나다' 놀이(또는 ABC 놀이)도 있다. 여기 에서는 아크로스틱, 운자 쓰기, 연상 쓰기 방법으로 글쓰기 놀이를 해 보자.

1. 아크로스틱

Have a happy Father's day
And enjoy your gifts,
Poems and
Polish to make
Your shoes shine.
Flop down onto the bed
And sleep
Till you're no longer tired.
Have a great day and
Enjoy yourself 'cause Father's Day comes
Round only once a year
So just relax and have fun!
Dad, Thanks for everything, I really
Appreciate it (especially you BBQ fry ups!)
Yum!!!

오늘 하루, 행복한 아버지날이 되시기를
그리고 작은 선물들과 시 한 편
반짝거리게 닦아놓은 신발도

저희가 드리오니 기쁘게 받으세요
침대에 벌렁 누우신 채로
피로가 다 가실 때까지 주무세요
아버지의 날이 일 년에 딱 한 번뿐이니
오늘 하루, 느긋하게 맘껏 즐기세요
아빠의 지극한 사랑 감사해요 특별히
감사하고 싶은 건, 아빠가 만드는 바비큐
정말 맛있을 거예요!!!

맬버른에 사는 초등학교 5학년 로지라는 소년이 '아버지날'에 아빠에게 쓴 편지이다. 아버지의 날을 맞이해서 먹을 것을 만들어서 아버지가 침대에서 아침식사를 하도록 하고는 이 시를 녹음하여 아버지가 침대에서 아침식사를 하면서 들으시도록 하여 아버지를 감동시켰다 한다. 그런데 이 시의 첫 글자들만 모으면 'HAPPY FATHERS DAY'가 된다.

이런 형식은 흔히 '삼행시'라 하여 우리 주변에서도 많이 사용되고 있다. 이렇게 각 시행의 첫 번째 글자를 계속 맞춰보면 단어나 어구가 되도록 짜인 짧은 시를 아크로스틱이라고 하는데, 아크로스틱(acrostic)은 그리스어로 '맨 앞'이라는 뜻의 'acros'와 '행(어구)' 또는 '시'라는 뜻의 'stichos'에서 유래된 것이다. 따라서 아크로스틱은 어구의 맨 앞을 따서 새로운 어구를 만드는 놀이라는 뜻이다.

이중(二重)아크로스틱은 시행의 첫 글자뿐만 아니라 때로는 중간 글자나 마지막 글자까지 단어를 이루도록 배열한 것이다.

다음의 시는 김대근의 '고백'이라는 시인데, 각 시행의 마지막 글자를 연결하면 '정거장'이라는 단어가 반복된다. 이런 시도 '아크로스틱'의 하나라고 볼 수 있다.

고 백

고둥껍데기 숨어사는 소라게처럼 숨겨온 정
내 보이려 마음 다져 하늘에 걸어두는 거
푸른 빛 넓은 공간에 새겨지는 한 마장

정말 떠날 버릴 줄 진즉에 알았으면
거친 마음 식히고 보듬어 주었을 것을
장다리 여린 꽃잎 위 흔들리던 나비

많은 날 바람 되어도 까끌하게 남은 옛 **정**
진종일 헤아리고 뒤집으니 전부 버릴 **거**
되돌이 없는 삶 한 쪽, 마음가 둘러친 담장

정령 날개처럼 은빛으로 빛나는
거리의 가로수 잎 마음에 찰랑거리고
장작불 화르르 피다 이내 사그라든다.

김대근의 시 「고백」처럼 본인의 이름을 행의 맨 앞과 맨
뒤에 배치한 아크로스틱을 해보세요.

앞에서 언급했듯이 아크로스틱은 놀이로 하는 글쓰기이다. 글쓰기가 어렵고 형식적이고 엄격하다고만 생각할 것은 아니다. 이처럼 충분히 재미로, 놀이로 글을 쓸 수도 있는 것이다. 재미있는 글쓰기, 놀이로 하는 글쓰기, 우리도 다양한 아크로스틱의 세계에 빠져 보자.

다음 단어들 중 하나를 선택하여 아크로스틱을 작성해 보세요.
(제시어: 대학생, 글쓰기, 연애박사, 대한민국)

2. 운자 놀이

다양한 단편적 생각들을 놀이 삼아 나열해 가는 운자 쓰기는 생각의 폭을 넓힐수 있다는 점에서 재미있는 글쓰기의 하나로 볼 수 있다. 운자 쓰기는 처음 글자나 단어, 마지막 글자나 단어를 지정해 놓고 그 글자나 단어가 문장이나 구의 처음에 들어가도록, 또는 마지막에 들어가도록 하는 글 잇기 놀이이다.

혼자서 할 수도 있지만 여러 명이 함께 릴레이로 써 나가면 다양한 생각들을 공유할 수 있는 장점이 있다.

다음의 예는 첫 글자가 '체'로 시작되고 마지막 단어가 '슬픔'으로 끝나는 운자쓰기 놀이의 예이다.

체념한 슬픔.

체질화된 슬픔

체면치레의 슬픔

체체파리에 물린 슬픔

체득한 슬픔.

체표 면적에 비례되는 슬픔

체세포들과 줄기세포들이 함께 떨리는 슬픔

체육시간 때마다 나무 그늘에 앉아 친구들의 활동을 바라보아야만 했던 슬픔.

체스 못하는 자의 슬픔

체로키인디언의 구슬픈 노래 같은 슬픔

체중계에 올라설 때마다 느끼는 슬픔.

체구에 비하여 몹시도 독한 슬픔

체격 값을 하려고 기를 쓰는 슬픔

체조 선수가 평균대에서 비틀거릴 때의 슬픔

체르니 30번에서 레슨을 그만 둔 나의 슬픔

체머리 흔드는 이의 흔들리는 슬픔

체르노빌 원전 사고만한 막대한 슬픔

체형 변한 중년의 슬픔.

체제에 억눌려 사는 슬픔

체신머리 없는 어른들을 보는 슬픔

체포된 슬픔

체력의 한계를 느끼는 슬픔

체온계로는 도저히 잴 수 없는 슬픔

체벌 받은 아이의 슬픔

체통을 잃은 슬픔

체감온도 팍 떨어진 장바구니의 슬픔

체코에 한 번 가고 싶기만 한, 그러면서 가지는 못하는 나의 슬픔

체지방이 허리에 머무는 슬픔

체리 없는 체리맛 아이스크림을 먹을 때의 슬픔

체급 조절에 실패한 복싱 선수의 슬픔.

체류하고 싶지 않은 곳에 정착한 자의 슬픔.

체구로 비교 당하는 슬픔

체불 임금을 받지 못하는 노동자의 슬픔

'체소'라고 써서 받아쓰기 틀린 정인이의 슬픔

체력장 시험에서 매달리기 할 때 3초 만에 떨어진 나의 슬픔

체인 빠진 자전거의 슬픔

체한 음식 또 먹어야 하는 슬픔

체외수정을 꿈꾸는 매트릭스 인간들의 슬픔

체크 북을 안 가져가서 요금 못 내고 온 슬픔

운자 쓰기 놀이는 특정한 틀 속에서 다양한 생각거리를 끌어낼 수 있다는 점에서 생각 끌어내기의 한 방법으로 사용될 수 있다.

다음 중 어느 하나를 선택하여 운자 쓰기 놀이를 해 보세요.

(1) 소리로 전해지는 아름다움.

(2) 기억 속의 아픔.

(3) 어린 시절을 되돌아보면 떠오르는 웃음.

3. 연상 쓰기

우리는 어떤 그림이나 사진 등을 보면 자연스럽게 떠오르는 생각들이 있다. 또한 음악을 들으면서도 자연스럽게 느껴지는 느낌이 있다. 이처럼 어떤 단어를 보았을 때 자연스럽게 떠오르는 생각들을 자유롭게 한 문장이나 구로 써보는 글쓰기 놀이가 연상 쓰기이다. 일종의 브레인스토밍이라고 할 수 있는데, 단어를 통해 연상되는 것을 구나 문장으로 표현하는 것이 일반 브레인스토밍이나 생각 그물의 연상과는 다르다.

연상 쓰기는 한 단어에 대하여 깊이 있게 생각하는 힘을 길러준다는 점에서 글쓰기에 활용될 수 있는 방법이다. 단순한 단어의 연상에서 벗어나 특정 단어에 대해 좀 더 깊이 있게 생각할 수 있다는 점에 즐겁게 글을 쓰기 위한 색다른 시도로 활용해 볼 수 있다.

꿈

나를 살아있게 하는 것
행복하게 하는 것
하루도 쉴 수 없게 만드는 것
잘라내야 하는 것
존재하게 하는 것
희망을 주는 것
끝없이 성장하는 것
현실의 고통을 잊게 하는 마약 같은 것
상처를 보듬는 것
게으름을 질책하는 것
사랑하는 것
그리워하는 것

다음은 독일의 작가 안톤 슈나크의 <우리를 슬프게 하는 것들> 중 일부이다.

울음 우는 아이들이 우리를 슬프게 한다. 정원의 한편 구석에서 발견된 작은 새의 시체 위에 초추(初秋)의 양광(陽光)이 떨어질 때, 가을은 우리를 슬프게 한다. 그래서 가을날 비는 처량히 내리고 사랑하는 이의 인적은 끊겨 거의 일주일이나 혼자 있게 될 때, 아무도 살지 않는 옛 궁성. 그래서 벽에서는 흙 뭉치가 떨어지고 창문의 삭은 나무 위에서 '아이세여 나는 너를 사랑하노라.'라는 거의 판독하기 어려운 글귀를 볼 때. 오랜 세월이 지난 후에 문득 발견된 돌아가신 아버지의 편지. 그곳에 씌었으되 "나의 사랑하는 아들아, 너의 소행이 내게 얼마나 많은 불면의 밤을 가져오게 하였던가…" 대체 나의 소행이란 무엇이었던가. 혹은 하나의 연애 사건, 혹은 하나의 허언(虛言), 혹은 하나의 치희(稚戱). 이제는 벌써 그 숱한 허물들도 기억 속에서 찾을 수가 없는데, 그 때 아버지는 그로 인해 가슴을 태우셨던 것이다.

동물원에 잡힌 범의 불안 초조가 또한 우리를 슬프게 한다. 언제 보아도 철책가를 왔다 갔다 하는 범의 그 빛나는 눈, 그 무서운 분노, 그 괴로운 부르짖음, 그 앞발의 한없는 절망, 그 미친 듯한 순환, 이 모든 것이 우리를 슬프게 한다.

<우리를 슬프게 하는 것들>은 살아가면서 느낄 수 있는 작은 슬픔과 삶의 허망함에서 오는 우수를 노래한 수필이다. 사람들이 살아가면서 느낄 수 있는 슬픔의 상황들을 적절하게 찾아내고 그것들을 짧은 구절 속에 함축적으로 표현하는 감각적 문체가 돋보이는 작품이다. 사물이나 상황을 예리한 시선과 감각으로 바라보고 이를 섬세한 언어로 표현해 낸 것이 사람의 공감을 끌어내고 있다.

그런데 이 글이 나오게 된 배경을 찬찬히 상상해 본다면 '슬픔'을 느끼게 되는 상황들을 연상한 후에 이것에 살을 붙였을 가능성을 생각해 볼 수 있다. 따라서 연상하기는 주어진 소재를 활용하여 한 편의 글을 완성하는 기법으로 유용하게 사용해 볼 수 있다.

다음 단어 중 하나를 선택하여 연상 쓰기를 해 보자.

(1) 가족

(2) 분노

(3) 기쁨

(4) 슬픔

메모

제10장

단락 쓰기

한 편의 글은 여러 개의 단락으로 이루어진다. 단락은 하나하나의 짧은 이야기 토막이라고 할 수 있는데, 글에 주제가 있는 것처럼 하나의 단락에도 글쓴이가 말하려는 중심 생각, 즉 주제가 있어야 한다. 단락의 주제를 글 전체의 주제와 구별하기 위하여 '소주제'라는 말을 쓴다. 따라서 단락을 써 나간다는 것은 소주제를 풀어 나가는 과정이라고 볼 수 있다.

글쓴이가 말하고자 하는 중심 내용을 상대방에게 좀 더 쉽게, 좀 더 설득적으로, 좀 더 생동감 있게 전달하기 위해서는 말하고자 하는 생각, 즉 주제를 자연스럽게 펼쳐내야 한다. "그는 누구보다 성실한 사람이다"라는 것이 내가 쓸 주제라고 한다면, 그의 어떤 행동이나 생활 모습이 성실한 것인지, 내가 그렇게 생각하는 이유가 무엇인지 등을 구체적으로 풀어내서 상대방이 그 글을 읽고 '아, 역시 그는 성실한 사람이구나.'하고 인정할 수 있도록 해야 하는 것이다.

한 편의 글을 완성하는 방법과 한 단락을 완성하는 방법은 여러 면에서 차이가 있겠지만 어떤 주제를 잘 드러내기 위하여 나름의 장치를 마련해야 한다는 점에서는 마찬가지이다. 한 편의 글이 여러 개의 단락으로 이루어진다는 점을 고려할 때 좋은 글이 되기 위해서는 바른 단락 쓰기가 전제 되어야 한다. 그리고 바른 단락 쓰기의 방법은 글 한 편을 완성하는 데도 적용될 수 있다.

생각을 풀어나가는 방법은 여러 가지가 있지만 가장 일반적인 것으로는 '풀이하기, 합리화하기, 예시하기' 등을 들 수 있다. 이 방법은 글 전체를 아우르는 전체 주제에 적용시킬 수 있을 뿐만 아니라 각각의 단락에 있는 소주제를 풀어 나가는 데에도 유용하게 이용할 수 있다.

1. 주제 풀어가기

단락은 여러 개의 문장들이 모여서 하나의 의미 덩어리를 나타내는 것으로 글의 전개에 있어서 중요한 구실을 한다. 따라서 바른 단락 쓰기는 바른 글을 쓰기 위해 반드시 전제되어야 할 조건이다.

단락의 여러 문장들은 한 주제에 의해 통솔된다. 즉 여러 개의 문장들이 하나의 소주제에 의해 갈무리되는 것이다. 소주제에 살을 붙이는 작업이 바로 단락을 전개하는 것인데, 이렇게 소주제를 전개하는 문장들을 뒷받침문장이라고 한다. 결국 한 단락은 '소주제+뒷받침문장'으로 이루어진다고 말할 수 있다. 이런 점에서 뒷받침문장은 소주제의 발전에 없어서는 안 될 필수 요소이다. 따라서 바른 단락 쓰기가 되기 위해서는 단락의 소주제를 어떻게 정해야 할지를 고려해야 하며, 뒷받침문장들을 어떻게 전개해야 하는지를 고려해야 한다.

단락은 한 편의 글을 이루는 단위이기 때문에 소주제는 글의 전체 주제와 관련되도록 정해야 한다. 아무리 멋있는 소주제라 하더라고 글 전체의 주제와 관련이 없는 것일 때는 적당한 소주제라고 할 수 없다. 또한 소주제는 한 단락의 중심 생각을 드러내는 것이기 때문에 구체적이고 명확한 것으로 한정해야 한다. 너무 광범위하게 소주제를 정하게 되면 단락이 추상적인 내용으로 전개될 수밖에 없으며, 그렇게 되면 글 전체의 내용도 추상적일 수밖에 없다. 그리고 소주제문은 되도록이면 간결해야 한다. 복잡한 수식어를 붙인다든가 모호한 표현을 쓴 소주제문은 좋지 않다.

그렇다면 소주제를 전개시키는 바람직스런 뒷받침문장들은 어떤 것이어야 할까?

첫 번째, 뒷받침문장은 소주제와 관련된 내용이어야 한다. 뒷받침문장에 소주제와 무관하거나 반대가 되는 내용이 있다면 이는 뒷받침문장의 기능을 상실한 것으로 볼 수 있다.

〈예시〉

그는 매우 자상한 사람이다. 일반적으로 많은 사람들을 이끄는 리더의 자리에 있는 사람은 권위적이거나 다른 사람의 접근을 쉽게 허용하지 않는 경우가 많다. 그런데 그는 리더이면서도 주위의 다른 사람을 잘 챙긴다. 구성원들의 고민을 잘 들어주고 구성원들이 어려움에 처했을 때 용기를 잃지 않도록 늘 격려한다. 또한 구성원들이 어려운 상황에 처했을 때 자기의 시간과 노력을 아끼지 않고 힘든 일을 해결해 준다. 그러면서 구성원들의 기쁜 일에도 잘 동참하며 함께 즐거워한다. <u>그러나 너무 꼼꼼하여 구성원들이 일을 대충하는 것을 못 견뎌한다.</u>

윗글에서 소주제는 "그는 매우 자상한 사람이다."라는 것이다. 그리고 대부분의 문장들은 이 소주제를 잘 뒷받침하고 있다. 그런데 마지막 문장은 소주제와 관련이 없는 문장이다. 따라서 내용의 일관된 흐름을 유지하지 못하고 소주제의 초점을 흐리고 있다.

🌸 소주제를 정하고 그것을 뒷받침하는 문장들을 써보세요.

소주제 :

뒷받침 문장

두 번째, 뒷받침문장은 소주제를 충분히 풀어내야 한다. 뒷받침문장은 그야말로 소주제를 뒷받침하는 문장이다. 뒷받침한다는 말은 내걸어놓은 소주제를 누구나 이해하고 납득할 수 있게 구체화하거나 합리화해야 한다는 것이다. 소주제는 그 단락에서 가장 핵심적인 내용이므로 그것을 충분히 펼쳐야만 독자가 글의 내용을 이해할 수 있다. 글쓴이가 잘 알고 있는 사실이라고 하여 독자도 다 잘 알고 있을 것이라고 생각하고 소주제를 충분히 펼치지 않거나 소주제에 대한 세밀한 전개 없이 다음 논의로 넘어갈 경우 독자들은 단락의 내용에 대해 충분히 이해하지 못할 수도 있다. 따라서 독자 입장에서 충분히 이해할 수 있을 만큼 뒷받침문장을 통해 소주제를 발전시켜야 한다.

　　성실성을 가진다는 것은 인간이 인간답게 되기 위해서 갖추어야 할 가장 기본적인 조건이다. 인간의 가장 근본적 특색의 하나는 그가 높은 차원의 사회생활을 할 수 있다는 사실에서 발견되거니와, 높은 차원의 사회생활이 가능한 것은 서로가 어느 정도 상대편을 신뢰할 수 있기 때문이며, 인간이 서로 남을 신뢰할 수 있는 것은 인간에게 성실성이 있기 때문이다. 그러나 한 걸음 더 나아가서 "도대체 성실이란 무엇이냐?"는 물음을 제기할 때, 우리들의 상식만으로는 대답하기 어려운 여러 가지 문제가 남아 있음을 본다.

　　　　　　　　　　　　　　　　　　　　– 김태길, 「인간의 존엄성과 성실성」 중에서 –

　　위 단락의 소주제는 첫 문장인데, 이 소주제를 뒷받침하는 문장들의 내용을 보면 소주제를 구체화시키지도 못하였고, 소주제를 뒷받침하는 근거를 제시하지도 못하였다. 즉 성실성이 왜 인간을 인간답게 하는 조건인지에 대한 설명이 전혀 없다. 거기에다가 마지막 부분에서는 '성실'이라는 개념에 의문을 던짐으로써 독자들에게 오히려 의문을 가지게 하였다. 따라서 이 글은 소주제를 뒷받침문장이 충분히 풀어내지 못하였다.

🌸 소주제, '성실성은 인간이 인간답게 되기 위해서 갖추어야 할 가장 기본적인 조건이다.'라는 문장을 뒷받침하는 근거를 써보세요.

소주제문과 뒷받침문장과의 관계는 글의 전체 주제와 소주제와의 관계와 같다. 글의 전체 주제를 잘 드러내기 위해서 적절한 소주제가 선택되어야 하고 주제를 충분히 구체화하고 뒷받침 할 수 있는 소주제가 선택되어야 하는 것처럼 소주제의 내용을 잘 드러내기 위해서는 뒷받침문장을 통해 소주제가 충분히 전개될 수 있도록 해야 한다. 이것이 바른 단락 쓰기에서 기본적으로 요구되는 조건이다.

이제 생각을 풀어 한 단락을 완성해 가는 구체적인 방법에 대해 알아보자. 단락은 '소주제문+뒷받침문장'으로 이루어지기 때문에 단락을 쓰는 방법은 어떤 소주제에 대해서 뒷받침문장을 구체적으로 서술해 나가는 방법이 된다.

1) 풀이하기

풀이하기 방식에 따른 글의 전개는 어떤 주제에 대하여 가능한 한 알기 쉽고 구체적으로 설명을 해서 독자가 잘 이해할 수 있도록 하는 데 그 목적이 있다.

풀이하기는 글을 전개하는 데 가장 많이 쓰이는 전개법이다. 풀이하기는 소주제의 내용을 알기 쉽게 설명하는 것으로, 추상적이고 포괄적인 개념의 주제를 구체적으로 풀어나가는 단락 전개 방식이다. 사전의 뜻풀이, 특정 용어에 대한 설명, 신문의 해설 기사 등이 풀이하기 방식으로 이루어진 글이다.

일반적으로 한 개의 단락에서 소주제는 추상적인 서술로 나타나며, 그 소주제를 뒷받침 하는 문장은 대개 구체적인 서술의 형태로 나타난다. 따라서 소주제에 대한 뒷받침문장들이 풀이하기의 방식으로 전개된다. 예를 들면 소주제인 "이 지역은 깨끗한 인상을 준다."라는 문장은 추상적인 서술인데 비하여 "이 지역의 집들은 깨끗하다. 사람들도 깔끔하게 차려 입었다. 길이나 주위 환경도 말끔히 정돈되어 있다."라는 서술은 구체적인 서술이 된다.

풀이하기 방식으로 글을 전개하는 요령은 소주제를 어떻게든 쉽게 풀고자 하는 마음가짐으로 한 문장 한 문장을 이어가는 것이다. 즉 소주제에 대한 구체적인 내용이 설명되어야 한다. 그러므로 이 경우 "구체적으로 말하면, 세부적으로 말하면, 다시 말하면, 자세히 말하면, 즉, 곧, 알기 쉽게 말하면, 또한, 특히" 등의 접속어를 실마리로 삼아서 문장을 이어나가면 된다. 이때 접속어는 필요한 경우에는 문장에 드러나게 써야 하지만, 굳이 드러나게 할 필요가 없는 경우에는 마음속으로만 접속어를 뇌이면서 써 나가면 된다.

〈예시〉
  감성 소비라는 말은 감각이나 기분에 따라 재화나 서비스를 소비하는 일을 말한다. (다시 말하면) 소비가 다양화, 개성화, 분산화 되는 경향이 높아지면서 제품의 질이나 용도 등을 따져 구입하기보다는 단순히 '좋고 싫음'이라는 감성에 따라서 선택하는 소비 행동을 말한다. (구체적으로 말하면) 감성 소비의 대상이 되는 상품은 패션성이나 기호성이 강해 기능이나 품질 면에서 상품의 차이는 거의 없다. 다만 소비자의 제품에 대한 선호도에 따라 구매가 결정되는 것인데, 그 바탕에 깔려 있는 행동이나 사고의 기준은 소비의 질적 측면을 따진다는 것이다.

- 네이버 용어사전

위 글은 '감성 소비'에 대하여 풀이한 글이다. 위 글은 네 개의 문장으로 이루어져 있는데 문장과 문장 사이에 접속어가 배치되어 있지 않다. 그러나 우리는 글을 읽어 가면서 첫 문장에 나타난 주제를 전개하는 문장을 이어나갈 때마다 '다시 말하면', '구체적으로 말하면' 따위의 접속 표현을 마음속으로 되뇌면서 각 문장이 연결되었음을 알 수 있다.

💠 '사람은 사회적 동물이다.'라는 소주제를 풀이하기 방법으로 전개시켜 보세요.

🌸 '옷은 기후에 따라서만 모양이나 색깔 또는 재료가 달라지는 것이 아니다.'를
소주제로 하여 풀이하기 방법으로 전개시켜 보세요.

_____

_____

_____

_____

_____

_____

_____

_____

2) 합리화하기

합리화 하기는 글쓴이가 내세우는 주장이나 어떤 일의 결과에 대하여 그 근거를
밝히고자 할 때 쓰인다. 또한 글쓴이의 주장이나 의견에 대하여 나름의 근거를 제
시함으로써 독자를 설득하여 글쓴이의 주장이나 의견에 동조하도록 할 때 쓰인다.
따라서 합리화는 왜 그와 같이 되는지, 그 근거가 무엇인지를 적극적으로 밝혀야
한다. 즉 합리화하기에서는 무엇보다도 소주제문에 대한 근거를 충분히 제시하는
것이 중요하다.

합리화하기를 통한 단락의 전개 방법은 주제문이 앞에서 제시될 경우에는 "왜냐

하면, 그 까닭은, 그 이유는, 그 원인은" 등의 접속 어구로 이어지도록 뒷받침문장을 연결하고, 주제문을 합리적으로 유도해서 맨 끝에 보일 경우에는 "그러므로, 그래서, 그 결과로, 결국, 그리하여" 등의 접속 어구로 이어지도록 뒷받침문장들을 연결한다. 물론 이 때에도 풀이하기에서처럼 필요한 경우 접속 어구가 문장의 표면에 드러나도록 단락을 전개시켜 나갈 수도 있고, 그냥 마음속으로만 접속 어구를 되뇌며 문장들을 이어가도 된다.

〈예시〉

오래된 것은 무용지물이 아니다. 그것은 우선 개인적인 기억과 추억을 되살려줄 뿐만 아니라 사회 집단의 연속성과 정체성 유지에 기여한다. 정체성은 전통의 보전에서 온다. 서울의 거리를 걷다 보면 공사장에 붙어 있는 '혼이 담긴 시공'이라는 건설회사의 광고를 볼 수 있다. 그러나 한 건물에 혼이 담기려면 몇 세대가 지나는 세월의 축적이 필요하다. 파리 뤽상부르 공원 앞의 '로스탕'이라는 카페는 할머니 세대가 대학생일 때 다니는 곳으로 대학생 손자와의 약속 장소로 애용된다. 그곳에는 세월의 이끼가 있고 대화의 분위기를 자극하는 혼이 살아 있다.

— 정수복·장미란 「바다로 간 게으름뱅이」 중에서

윗글에서는 오래된 것은 무용지물이 아니라는 자신의 주장을 뒷받침문장들로 근거를 제시하고 있다. 첫 번째 문장과 두 번째 문장의 연결에 접속 어구가 들어가 있지는 않지만 우리는 "왜냐하면 ~이기 때문이다."라는 형식을 충분히 상정할 수 있다. 나아가 오래된 것이 어떤 가치를 지니는지를 파리의 한 카페를 예를 들어 보여주고 있다.

합리화하기 방식을 통한 단락의 전개는 뒷받침문장들이 모두 소주제문의 이유나 근거를 제시하여 전개할 수도 있지만 흔히 풀이하기 방식이나 예시하기 방식이 곁들여지기도 한다.

🍃 '건강을 위해서는 화를 낼 줄도 알아야 한다.'를 합리화하기 방식으로 전개시
켜 보세요.

3) 예시하기

예시하기는 구체적인 사례를 들어 소주제를 뒷받침하는 방법이다. 즉 실제로 일
어난 일이나 사건, 행동, 사태 또는 역사적 사실이나 전설 등을 예를 들어 보여 주
는 것이다. 예시하기는 주제와 관련된 사건이나 일화를 골라서 전해 줌으로써 독자
가 주제를 좀 더 쉽게 이해할 수 있도록 한다. 이런 예시는 주제를 인상 깊게 뒷받

침할 수 있다.

예시는 소주제의 타당성과 진실성을 뒷받침 해 줄 수 있는 것이어야 하며, 읽는 사람이 복잡한 논리적 사고 과정을 거치지 않고서도 쉽게 이해할 수 있도록 명확하고 구체적인 것이어야 한다. 적절한 예시는 단순히 읽는 이의 이해를 도와줄 뿐 아니라, 글 쓰는 이가 미처 다 서술하지 못했던 부분까지도 암시해 주는 효과를 발휘할 수 있다.

〈예시〉

외모로 사람을 취하지 말라 하였으나 대개는 속마음이 외모에 나타나는 것이다. 아무도 쥐를 보고 후덕스럽다고 생각은 아니할 것이요, 할미새를 보고 진중하다고는 생각지 아니할 것이요, 돼지를 소담한 친구라고는 아니할 것이다. 토끼를 보면 방정맞는 보이지만 고양이처럼 표독스럽게는 아무리 해도 아니 보이고, 수탉은 걸걸은 하지마는 지혜롭게는 아니 보이며, 뱀은 그림만 보아도 간특하고 독살스러워 구약 작가의 저주를 받는 것이 과연이다 해 보이고, 개는 얼른 보기에 험상스럽지마는 간교한 모양은 조금도 없다. 그는 충직하게 생기었다. 말은 깨끗하고 날래지마는 좀 믿음성이 적고, 당나귀나 노새는 아무리 보아도 경망꾸러기다. 족제비가 살랑살랑 지나갈 때 아무라도 그 요망스러움을 느낄 것이요, 두꺼비가 입을 넙적넙적하고 쭈그리고 있는 것을 보면 아무가 보아도 능청스럽다.

– 이광수, 『우덕송』 중에서

윗글에서는 "외모로 사람을 취하지 말라 하였으나 대개는 속마음이 외모에 나타나는 것이다."라는 소주제문을 뒷받침하기 위하여 이와 관련이 있는 여러 가지 동물들의 외모와 행동양식을 예를 들어 보이고 있다.

● '말은 그 사람의 인격을 나타낸다.'라는 소주제를 예시하기 방법으로 전개시켜 보세요.

_____

_____

_____

_____

_____

_____

_____

〈예시〉

　옛날에 한 청년이 임금님을 찾아가 인생의 성공 비결을 가르쳐 달라고 간청했다. 임금님은 말없이 컵에다 포도주를 가득 따라 청년에게 건네주면서 별안간 큰 소리로 군인을 부르더니 "이 젊은 청년이 저 포도주 잔을 들고 시내를 한 바퀴 도는 동안 너는 칼을 빼들고 그를 따르라. 만약 포도주를 엎지를 때에는 당장에 목을 내리쳐라!"라고 명령했다. 청년이 식은땀을 흘리며 조심조심 그 잔을 들고 시내를 한 바퀴 돌아오자 임금님은 시내를 도는 동안 무엇을 보고 들었는지 물었다. 청년은 아무것도 보지 못하고 듣지도 못했다고 대답했다. 임금님은 큰 소리로 다시 물었다. "넌 거리에 있는 거지도, 장사꾼들도 못 보고, 술집에서 노래하는 것도 못 들었단 말이냐?" 청년은 "네, 저는 아무 것도 보지도 듣지도 못했습니다."라고 대답했다. 그랬더니 임금님은 말했다. "그렇다. 그것이 네 인생의 교훈이다. 네가 거리를 한 바퀴 돌면서 그 잔만 바라보느라 정신을 집중시킨 것처럼 모든 것에 집중하고 살면 인생에 성공할 것이고, 유혹과 악한 소리도 네게 들려오지 않을 것이다."

자신의 일에 몰두하지 못하는 사람은 다른 일에서 더 큰 만족을 얻을 것 같은 생각에 주변을 기웃거리곤 한다. 그러나 참다운 성공의 비결은 자기가 하는 일에 긍지를 가지고 최선을 다하는 것이다.

윗글은 소주제가 뒷부분에 있다. "참다운 성공의 비결은 자기가 하는 일에 긍지를 가지고 최선을 다하는 것이다"라는 소주제를 일화를 통하여 구체적으로 보여주고 있다.

🌸 'ㅇㅇㅇ는 참 매력적인 사람이다.'를 소주제로 하여 예시하기 방법으로 단락을 전개시켜 보세요.

2. 사실과 의견

일반적으로 글을 쓸 때 사실을 바탕으로 그 사실에 대한 해석을 덧붙이거나 사실에 대한 의견 및 주장을 덧붙여 글을 전개시켜 나가는 경우가 많다. 특히 어떤 상황이나 사건에 대해 기술할 경우에는 단순히 사실만을 전하는 경우가 아니라면 대개 글쓴이의 해석이나 의견이 덧붙여지게 된다. 신문의 사설이나 칼럼은 말할 것도 없고 심지어는 사실만을 전하는 것을 의무로 하는 신문 기사나 뉴스에서도 기자의 해석이나 의견이 들어가는 경우가 있다.

어떤 사실에 자신의 해석이나 의견을 덧붙이는 것은 사회와 세계를 바라보는 글쓴이의 가치관을 반영하기 때문에 독자는 사실에 대한 글쓴이의 태도 및 입장을 알 수 있게 된다.

〈예시〉

근래 한국에서 가장 많이 쓰이는 직함은 슬프게도 '사장님'이다. 언젠가부터 카센터에서든 식당에서든 손님에게 사장님(혹은 사모님)이라 부르는 게 유행이 되었다. 사람을 실없이 치켜세우는 그 직함은 오늘 우리 사회를 그대로 반영한다. "부자 되세요"가 최상의 덕담이 되고 "당신의 사는 곳이 당신의 가치를 정합니다" 따위 광고가 무리 없이 통용되는 사회를 말이다. 요컨대 민주화의 성과가 자본의 차지가 되고 모든 사람들이 장사꾼의 심성을 가지게 된 사회에서 사람들은 서로를 인격체가 아니라 거래처로 파악하는 것이다.

나는 보다 많은 사람들이 '선생님'을 쓰길 바란다. 선생님이란 말은 얼마나 좋은가. 상대를 선생님이라 부르는 건 그에게서 배우겠다는 것이다. 누구에게든 배울 게 있으며 또 배우겠다는 마음을 갖는 것처럼 좋은 인간적 태도가 있겠는가.

– 김규항, 〈사장님과 선생님〉 중에서, 오마이뉴스, 2005년 9월 1일자 칼럼

윗글에서는 "한국 사회에서 가장 많이 쓰이는 직함이 사장님이다."라는 사실을 바탕으로 "사람들이 서로를 인격체가 아니라 거래처로 파악하는 사회"라는 해석을 내놓았다. 그리고 이제는 사람들이 '선생님'이란 직함을 많이 쓰면 좋겠다는 의견을 제시하고 있다. '사장님'이 만연하는 사회를 바라보는 글쓴이의 태도를 우리는 읽을 수가 있다.

그런데 글을 쓸 경우 객관적인 사실만을 제시하면서 글을 쓰는 것은 아니다. 때로는 그 사실에 대한 다른 사람의 해석이나 주장, 의견 등을 제시하면서 자신의 해석이나 의견, 주장을 덧붙이기도 한다. 이 때 글쓴이가 받아들인 정보는 또 하나의 사실이다. 즉 사실에는 객관적인 상황이나 사건만 있는 것이 아니라 그 상황이나 사건에 대한 다른 사람의 의견이나 해석도 포함된다고 볼 수 있다.

〈예시〉
① 우리나라 고등학생들이 배우는 역사 지도책을 보면 동해 바다에 우산국(지금의 울릉도)은 보이지만 독도는 빠져 있다. 근대 이후가 돼서야 간도와 독도 문제를 다루면서 겨우 볼 수 있는 정도이다. ② 출판사 측은 기술적으로 모든 지도에 독도를 넣기는 어렵다고 말한다. 울릉도에서 멀리 떨어져 있고, 크기도 워낙 작아 집어넣기 어려우며, 지도가 역사적 사건을 중심으로 제작되는 경우가 많기 때문이기도 하다는 것이다.

③ 하지만, 시마네현 조례 통과로 독도에 대한 국민적인 관심이 높아진 만큼 이제라도 넣어야 한다는 목소리도 만만치 않다. 역사 지도에 당당히 독도를 표기해서 학생들이 어려서부터 독도에 대한 관심을 가질 수 있도록 해야 한다는 것이다. ④ 최근의 독도에 대한 범국민적인 열기가 일회성 행사로 그치지 않도록 하려면 교육 현장에서도 독도에 대한 비중을 보다 높여야 할 것이다.

윗글을 보면 사실이 있고(① 이하의 2문장), 그 사실에 대한 출판사의 해석(② 이하의

2문장)이 있으며 ①의 사실에 대한 여러 사람들의 의견(③ 이하의 2문장)이 기술된 후에 그에 대한 글쓴이의 의견(④문장)을 제시하고 있다.

이렇듯 단락을 전개할 때 어떤 특정한 사실과 그 사실에 대한 다른 사람의 의견, 해석, 주장 등을 적절하게 사용하면 글의 내용을 풍부하게 하면서 자기가 말하고자 하는 내용을 설득력 있게 전할 수 있다.

그러나 어떤 사실에 대한 다른 사람의 해석이나 의견, 주장을 바탕으로 글을 쓸 경우에는 다른 사람의 해석이나 의견, 주장과 글쓴이의 해석, 의견, 주장이 혼동되지 않도록 그 경계를 분명히 해야 한다. 물론 사실과 글쓴이의 해석도 혼동되지 않도록 해야 하는 것은 당연하다.

그런데 가끔 구체적인 사건이나 상황을 바탕으로 해석을 한 경우 그것이 다른 사람의 해석이나 의견인지 아니면 글쓴이의 해석이나 의견인지를 분명히 가려낼 수 없는 경우가 있다. 심지어는 사실과 해석이 분명하게 드러나지 않는 경우도 있다. 이렇게 글을 쓸 경우에는 상황이나 사건에 대한 글쓴이의 태도나 입장이 분명하게 드러나지 않으므로 좋은 글이라고 볼 수 없다.

🌸 다음 글에서 사실에는 붉은색 밑줄을, 그 사실에 대한 필자의 해석이나 의견, 주장에는 파란색 밑줄을 쳐 보세요.

> 스웨덴 학교에서는 덧셈·뺄셈을 가르칠 때, "□+□=10. □에 각각 들어갈 숫자는?"과 같은 유형의 문제를 자주 출제한다. 아이들은 "1과 9, 2와 8,…9와 1" 등 여러 개의 답을 적는다.
>
> 초보적인 산수를 배울 때부터 "문제의 답은 여러 개일 수 있다."는 생각이 자연스레 배어든다. 음수와 양수, 유리수와 무리수, 실수와 허수 등 수(數)에 대한 개념이 넓어질 때마다, 아이들은 어릴 적 접했던 문제의 답이 더 다양해질 수 있다는 것을 깨닫게 된다. 학교에 갓 입학했을 때 만났던 산수 문제의

답은 "1과 9, 2와 8,…9와 1"만 있는 게 아니라 "-79와 +89, 5.13과 4.87, 1+10i와 9-10i…" 등 무궁무진하다는 것을 알게 된다.

"1+9=□. □에 들어갈 숫자는?"과 같은 문제가 주를 이루는 한국, 일본 등과 다른 대목이다. '생애 첫 지식 활동'을 답이 하나인 문제로 시작하는 셈이다.

산수를 익히는 것은 추상적 사고를 하는 첫발을 떼는 작업이다. 이전까지는 사과, 배, 엄마, 아빠 등의 낱말을 익히는 수준에 머무르던 아이들이 눈에 보이지 않는 개념을 배우는 것이기 때문이다. 사과, 배, 엄마, 아빠 등은 눈에 보이고 손에 잡히지만 하나, 둘, 셋은 그렇지 않다. 숫자는 눈에 보이는 것들을 개념화하는 데 주로 쓰이지만, 실은 매우 추상적인 개념이다.

이런 개념을 처음 익힐 때, 답이 하나뿐인 문제로 시작하는 것과 답이 무궁무진한 문제로 시작하는 것은 얼핏 사소해 보이지만 실제로는 큰 차이다. 이런 차이가 훗날 다양성을 존중하는 태도로, 창의와 혁신을 장려하는 문화로 이어질 수 있다.

한국, 일본 등에서는 왜 '답이 하나인 문제'로 산수를 가르칠까? 이 역시 '답이 여러 개인 질문'이다. 콕 짚어서 답하기는 어렵다. 하지만, '답이 여러 개인 문제'로 산수를 가르치기 어려운 이유는 쉽게 짐작할 수 있다. 대표적인 이유로 꼽을 수 있는 게, '평가'가 목적이 돼 버린 교육 문화다. 평가는 아이들이 개념을 제대로 이해했는지 확인하는 절차일 뿐이다. 그런데 평가 결과에 너무 민감하게 반응하는 사회에서는, '평가 점수를 잘 받는 것'이 교육의 목표가 돼 버린다. 이렇게 되면, 답이 모호하거나 무수히 많은 문제는 내기 어렵다. 답이 선명한 문제, 그래서 평가 결과에 대해 이견을 제시하기 힘든 문제만 제시하게 된다.

하지만, 사회 문제와 자연 현상을 설명하는 방식은 무궁무진하다. 어른이 돼서 겪는 문제들은 대부분 답이 모호하거나 무수히 많은 문제들이라는 뜻이다. 답이 하나인 문제를 푸는 데만 능해서는 좋은 어른이 되기 어렵다.

반면, 핀란드, 스웨덴 등 북유럽 국가들은 "평가는 수업이 제대로 진행됐는지 확인하는 절차일 뿐"이라는 입장에 충실한 편이다. 이곳 교사들이 교육에 대해 유난히 더 뚜렷한 신념을 갖고 있어서가 아니다. '학교에서 '등수'를 매기지 않는 문화' 때문이라는 게 교육 전문가들이 흔히 하는 설명이다.

-〈키워드로 읽는 북유럽 -협동- 중〉, 프레시안, 2008년 10월 3일

3. 사실과 느낌

살아가면서 접하게 되는 많은 사건과 상황들에 대하여 우리는 여러 가지 느낌을 받게 된다. 그리고 이를 바탕으로 글을 쓰게 되는 경우들이 많다. 일기나 편지 등 사소한 개인적인 글에서부터 수필 등 문학 작품 등에서도 사실과 그 사실에 대한 느낌들을 적는다. 설명이나 논증의 글처럼 객관적이고 실증적인 글이 아닌 한 대부분의 글에는 사실에 대한 글쓴이의 느낌이 들어가게 된다.

〈예시〉

쌀 재협상 비준안 반대집회로 농민이 죽고 경찰이 다치고 경찰총장이 물러났다. 또 세계무역기구(WTO) 각료회담 개최에 반대하는 홍콩 원정 집회는 우리 농민 11명의 사법처리로 이어졌다. ①그런데 이러한 농업인들의 생존을 건 몸부림이 이제는 우리 사회의 관심에서 한참이나 벗어나 버렸다. ②아무런 응답도 없는 농업인들의 쓸쓸한 외침에 서글프고 무거운 마음으로 가는 해를 보내고 새해를 맞았다.

– 이영석, 〈농업보호는 인류의 과제다.〉 중에서, 한겨레신문 2006. 01. 23.

윗글에서 앞의 두 문장은 사실이다. 그리고 ①의 문장은 앞의 사실에 대한 글쓴이의 생각이고 ②의 문장은 사실에 대한 글쓴이의 느낌을 적고 있다.

어떤 사실이나 상황에 대하여 갖게 되는 느낌은 글을 쓰게 하는 동기를 불러일으

킨다. 따라서 어떤 상황이나 사건을 대할 때 사실로서만 바라보고 끝나는 것이 아니라 그 사실로부터 나름의 느낌을 찾아내고 발전시켜 나가는 것이 중요하다.

그런데 어떤 사건이나 상황에 대하여 느끼는 감정은 개인들마다 차이가 있다. 이는 상황이나 사건을 대하는 개인들의 감정이나 가치관, 바라보는 시선들이 다르기 때문이다. 즉 객관적인 상황이 개인의 감정의 세계에 들어오게 되면 전혀 색다른 색깔을 가지게 되는데, 이 때문에 글에는 개인마다의 색깔이 있게 되고 이것이 작품을 구별 짓는 이유가 된다.

그런데 이렇게 객관적인 사실을 바탕으로 한 글쓴이의 개인 감정을 글로 쓸 경우에도 '사실과 의견'에서와 마찬가지로 '사실과 느낌' 사이의 경계를 분명하게 해야 한다.

🌸 다음 글에서 사실을 나타내는 내용에는 붉은색 밑줄을, 느낌을 나타내는 내용에는 파란색 밑줄을 쳐 보세요.

> 살아가면서 이 세상이 사람만 살아가는 세상은 아니라는 생각을 자주 하게 됩니다. 지금 우리가 뿌리 내리고 살아가는 세상은 사람뿐만 아니라 생명을 가진 모든 것들이 뿌리를 내리고 살아가는 세상이기 때문입니다. 풀 한 포기, 나무 한 그루, 하늘을 나는 새, 땅에 깃들어 살아가는 모든 생명체들. 그들의 삶터 또한 이 세상입니다. 그러나 인간의 삶을 돌아보면 인간만이 이 세상을 독차지하며 살아가는 것이 아닌가 하여 안타깝기만 합니다.
>
> 파헤쳐진 산, 뒤엎어놓은 시냇물, 숨 쉬는 땅을 시멘트로 도배해 놓은 도시. 그런 척박한 상황에서도 생명은 꽃을 피우고, 열매를 맺고, 새끼를 기르며 잠잠히 살아가고 있습니다.
>
> 2~3주 전이던가요. 늦가을의 정취가 한껏 펼쳐지던 날, 평등학교로 장애우 가족들을 보러 가던 길이었습니다. 전주에서 금산을 가는 길은 산길을 굽이굽이 돌아가는 한적한 길입니다. 깊은 산 밑으로 계곡물이 흐르고 있었지요. 아

마 어느 집에서 오리를 계곡에 놓아 키우는지, 오리 다섯 마리가 시냇물에서 놀다가 집으로 돌아가는 길이었나 봅니다. 2차선 도로를 건너는 중에, 그만 오고가는 자동차를 만나게 되었지요. 제가 가는 반대 차선을 오리가 건너는 중이었는데, 그 때 자동차가 달려오고 있었습니다. 마주 쳐다보고 있는 제가 안타까울 정도로 오리들은 어떻게 해야 될지를 몰라 허둥지둥 헤매고 있었습니다. 길을 건너지도 못하고, 그렇다고 다시 돌아가지도 못하고 그 큰 눈을 뒤룩뒤룩 굴리며, 엉덩이를 뒤뚱뒤뚱하며 어쩔 줄을 몰라 제자리에서 빙글빙글 돌기만 하고 있었지요. 저도 마주 오는 자동차가 어떻게 할런지 몰라 너무 걱정이 되었습니다.

그런데 다행스럽게도 자동차의 운전자는 달려오던 속도를 서서히 줄이더니 급기야는 오리 앞에서 차를 세웠습니다. 그리고는 오리가 길을 다 건널 때까지 그렇게 가만히 서 있었습니다. 자동차 경적 한 번 누르지 않고 조용히 기다려 주는 모습이 어찌나 아름다웠던지 제 가슴이 다 뭉클하였습니다. 생명을 가진 것들과 더불어 살아가는 모습을 본 것 같아 흐뭇함이 넘쳤습니다. 그 흐뭇한 기억은 오래도록 저를 즐겁게 했습니다.

오늘 아침, 학교에 가던 길이었지요. 집에서 학교에 가는 길은 4차선 도로이지만 한적한 길입니다. 제 앞에 자동차가 한 대 달리고 있었지요. 그런데 반대 차선에서 강아지 한 마리가 길을 건너고 있었습니다. 마구 달려오는 강아지가 왠지 불안했습니다. 자동차가 속도를 줄이든지, 아니면 강아지가 걸음을 멈춰야 했는데, 속도를 좀 줄였으면 하는 제 바람과는 상관없이 그 자동차는 속도를 줄이지 않았고, 그 강아지도 그냥 내처 달려 길을 건너려 했습니다. 그 순간, 제 앞을 달리던 자동차 밑으로 강아지가 빨려 들어갔고, 강아지는 비명소리와 함께 길바닥에 나뒹굴고 말았습니다. 그 자동차는 그냥 달려가더군요. 가슴이 철렁 했습니다. 뒤에서 불안하게 바라보던 제 마음, 가슴이 뛰기 시작했습니다. 차를 멈추고 백미러를 통해 강아지를 보니 강아지는 다리를 다쳤는지 일어서지도 못하고 그 넓은 길 가운데서 허우적대고 있었습니다.

그리고…….

하루 종일 마음이 우울했습니다. 어쩌면 세상의 어떤 생명체보다 강력한 힘을 가지고 있는 인간, 그렇기에 자연 속에서 군림하며 살아가고 있는 인간.

그러나 결국은 인간도 자연이 내리는 혜택 속에서 살아가고 있습니다. 그 혜택을 인간 혼자서 독차지하며 살아서는 안 되겠지요. 자연의 모든 생명들과 더불어 살아가려는 마음, 그들에게서 받는 혜택에 고마워할 줄 아는 마음, 그런 마음을 우리가 잊고 사는 것은 아닌지……….

얼마 전 텔레비전에서 보았던 "이 길은 산양에게 우선 통행권 있음"이라는 외국의 어느 산길이 자꾸만 머릿속에 떠올랐습니다. 이제는 작은 생명들과도 더불어 살아가는 따뜻한 인간이었으면 좋겠습니다.

제11장
주제 펼치기

　좋은 글은 일정한 조건을 갖추고 있다. 주제가 명확하고 그 주제를 드러내기 위한 단락이 형식면이나 내용면에서 유기적으로 잘 조직되어 있으며 그래서 주제가 일관성 있게 유지되어야 한다. 여기에 재미와 감동을 주는 요소가 들어 있게 된다면 금상첨화이다. 물론 어법에 맞는 단어와 문장을 써야 하는 것은 기본적으로 갖추어야 할 요건이다.

　우리는 말을 하거나 글을 쓸 때 '무엇인가'에 대해서 말을 하고 글을 쓴다. 그 '무엇인가'가 바로 주제이다. 글을 쓰는 기본적인 이유가 하고 싶은 말을 전달하기 위한 것이라고 할 때 그 주제는 정확하고 분명하게 제시되어야 한다. 그래야만 글을 쓰는 목적에 충실하기 때문이다.

　또한 글쓴이는 자기가 전달하고자 하는 내용을 상대방에게 효과적으로 전달하기 위하여 여러 가지 장치를 이용한다. 구체적인 사실을 예로 들기도 하고, 강조하기 위하여 반복하기도 하며, 주장을 합리화하기 위하여 때로는 자기가 내세우는 주장의 반대 의견을 끌어오기도 한다. 사진을 제시하기도 하고 도표나 그림을 제시하기도 한다.

또한 내용의 흐름에 따라 단락을 나누고, 단락과 단락이 유기적으로 연결되도록 하며, 여러 개의 단락이 모여서 한 편의 주제로 엮어질 수 있도록 한다.

따라서 좋은 글을 쓰기 위해서는 참신한 아이디어를 생각해 내는 것도 중요하지만, 그 생각을 적절하게 구조화하는 일이 무엇보다 중요하다. 글을 디자인 한다는 것은 글 전체의 구조가 만들어진다는 것을 의미하는 것으로, 글의 질을 결정하는 중요한 작업이다. 따라서 글의 구조를 만들어가는 절차 하나하나를 탐색해 보는 작업이 필요하다.

글쓰기의 과정을 이야기할 때 일반적으로 "주제 설정→자료 수집 및 정리→구상 및 개요 작성→글쓰기 및 퇴고"로 말한다. 그런데 이 과정은 특정한 화제가 주어져 있거나, 리포트 혹은 논문을 쓸 때 적용할 수 있는 글쓰기 과정이다. 예를 들어 "생태 환경 보호"라는 특정 화제에 대한 글을 써야 하는 경우, 우리는 도서관에서 자연 생태 관련 책이나 논문에서 자료를 찾거나 인터넷에서 관련 자료를 모을 것이다. 그리고 주어진 자료를 내용별로 정리하면서 본인이 쓸 글의 내용을 구상할 것이다. 구상을 구체화시켜서 개요로 만들어 놓고, 그 개요에 따라서 우리는 글을 쓰게 된다.

그러나 글을 쓰는 것에 익숙하지 않고, 글 쓰는 것에 두려움을 가진 사람이라면, 먼저 글쓰기와 가까워지기 위해서 우리 주변에서 글감(쓸거리)을 찾고 그 글감을 특정 주제로 이끌어 나가는 훈련을 하는 것이 바람직하다. 따라서 이때의 글쓰기 과정은 "글감 찾기→주제 설정하기→구상 및 개요 작성하기→글쓰기 및 퇴고"의 과정을 밟는 것이 바람직하다.

1. 쓸거리 찾기

'무엇을 쓸까?' 글쓰기에 부딪힐 때마다 고민하는 것이 바로 무엇을 쓸 것인가에 대한 것이다. 특정 주제가 정해지지 않는 경우에는 말할 것도 없고, 특정 화제가 주어진 경우에도 어떤 부분에 대해 접근하여 글을 쓸 것인지를 고민하게 된다. 그러나 우리가 쉽게 쓰는 글들을 생각해 보자. 일기장에 쓰는 글, 블로그에 쓰는 글, 인터넷 게시판에 쓰는 글, 친구에게 쓰는 글 등등. 이런 글을 쓸 때 우리는 처음부터 어떤 주제를 생각하고 그것을 전달하고자 의도하는 것은 아니다. 대개의 경우, 어떤 상황이나 일을 경험하고 그것을 토대로 하여 자신이 이야기하고자 하는 것을 생각하게 된다. 그 상황이나 일이란 우리가 살아가면서 보고 듣고 느끼고 상상하는 인간의 모든 활동들이다. 그런 활동 중에 특별히 자신이 의미를 부여한 것들에 대해 글을 쓰는 것이다.

따라서 글을 쓰려는 마음의 자세를 갖는다는 것은 곧 우리 스스로가 우리 주변의 모든 상황에 대해 의미를 부여하려는 특별한 눈을 가지고 있어야 함을 의미한다. 아무리 사소하고 일상적인 것이라고 하더라도 특별한 눈과 마음을 가지고 본다면 그것은 내게 큰 의미가 있는 인생의 깨달음을 주기도 하기 때문이다. 이 때 내가 보고 느끼고 생각하고 경험한 모든 것들이 글의 소재가 될 수 있다.

주제를 정하는 것은 작품을 만드는데 매우 중요한 과정이지만, 처음부터 주제를 무엇으로 해야겠다는 생각을 갖고 시작하는 것보다는 일상에서 내가 보고 느낀 것들에 의미를 부여하는 작업에서부터 사물을 보는 눈을 키우는 것이 중요하다. 그러다 보면 아무런 의미 없이 보고 듣던 것들이 쓸거리가 될 수 있다. 그리고 쓸거리를 통해 이야기를 만들어 가다 보면 그것이 한 편의 글이 되는 것이다. 따라서 일상에서의 쓸거리 찾기가 무엇보다 중요하다.

따라서 우리는 먼저 마음의 문을 열고 색다른 시각으로 주변의 것을 눈여겨보는 습관을 가져야 한다. 또한 새로운 사회 상황이나 일들이 생겼을 때, 그 상황이나 일이 왜 생겨났는지, 그 배경은 무엇인지 등을 깊이 사색하고 문제의식을 가지고 상황을 대해야 한다. 그래야 쓸거리가 생겨나고 자신의 의견이 생기기도 하여 그것이 글을 쓰게 하는 동기가 되고 한 편의 글이 완성되는 것이다.

<예시>

　야간 강의가 있는 날이다. 다른 날은 늘 시간에 쫓겨 강의실을 찾았는데 오늘은 강의시간보다 일찍 도착했다. 저녁 8시, 조금은 여유 있게 세상을 바라볼 수 있다. 온통 세상은 푸르른 달빛에 청량한 느낌마저 든다. 자유관 5층에서 내려다본 벌판의 불빛이 참으로 아름답다. 하늘의 달, 오늘 달님은 하늘의 별들을 모두 지상으로 내려 보냈나보다. 사랑하면서도 사랑을 이루지 못한 영혼, 하늘의 별이 된다고 했던가. 그 사랑 이루게 하려 달님은 한 달에 한 번씩 별들을 지상에 내려 보낸다.

학교에서 집으로 가는 길은 우리에게 너무나 익숙한 길이다. 이 길을 가면서 그동안 무심히 지나쳤던 어떤 대상(사람, 건물, 나무, 풀, 꽃 등)을 주의 깊게 관찰하고 거기에서 새롭게 발견한 것을 써 보세요.

쓸거리를 찾는 방법으로 많이 이용되는 방법이 브레인스토밍(brain storming)이다. 원래 '정신 착란'을 의미하던 브레인스토밍은 어떤 화제 거리에 대하여 머리에 떠오르는 모든 것들을 구성원들이 자유롭게 쏟아내는 창의적인 회의 기법으로 이용되고 있다. 이러한 기법을 쓸거리를 찾을 때에도 그대로 적용하는 것이다. 일종의 자유 연상 기법을 사용하는 것이라고 할 수 있다.

본질적으로 글쓰기는 자유로운 자기표현이다. 스스로 생각하고 느낀 것들을 말로 표현하듯이 그렇게 자유롭게 표현하는 자기표현이다. 자유 연상은 어떤 화제에 대해 자유롭게 연상하는 것이기 때문에 자유 연상법을 활용하면 다양한 쓸거리를 마련할 수 있다. 만일 '시골' 하면 '달, 맑은 물, 먼지 나는 길, 인심 좋은 사람, 기와지붕, 개구리, ⋯⋯⋯'와 같이 떠오르는 대로 자유롭게 연상하고, 연상된 것들을 소재로 하여 글을 쓰는 것이다.

먼저 가주제, 또는 어떤 화제로부터 생각할 수 있는 모든 단어, 연상되는 모든 단어를 나열해 본다. 그것이 명사이든, 형용사이든, 구이든 문장이든 상관없이 모두 기록해 보는 것이다. 최대한 많이 연상하여 기록하는 것이 좋다.

〈예시1〉 주제 단어 : 시골
아름다운 자연, 고향, 할머니, 농부, 넉넉한 인심, 마음이 편안하다. 힘들다. 쏟아지는 별, 밝은 달, 맑고 깨끗한 공기. 싱그러운 나무, 시냇물, 먼지 나는 길, 가을날에 나무에 발갛게 매달려 있는 감. 텅 비어 가는 마을. 젊은이는 다 도시로 가고 노인만 남아있다. 아궁이. 굴뚝의 저녁연기. 이웃끼리 많은 삶을 나누는 사람들. 공동체의 삶. 귀농. 여름밤 풀벌레 소리. 모기. 파리. 여름나기가 괴롭다. 옛 추억. 옛날얘기. 경운기. 첨단 농법. 전원주택⋯⋯.

자유 연상에 의해 많은 내용들을 나열한 다음에는 그 내용들을 한번 다시 곰곰이 생각해 본다. 적은 단어나 구를 성격이 비슷하거나 논점이 가까운 것들끼리 묶는다.

물론 이 때 서로 묶일 수 없는 것은 그냥 놓아두어도 좋고, 한 가지 내용이 두 부류에 묶일 수도 있다. 자유 연상된 위의 내용을 같은 부류끼리 묶어보자.

〈예시 2〉

시골 풍경 : 아름다운 자연, 쏟아지는 별, 밝은 달, 싱그런 나무, 시냇물, 먼지 나는 길, 가을날에 나무에 발갛게 매달려있는 감. 굴뚝의 저녁연기. 맑고 깨끗한 공기

시골에 대한 인상(긍정적) : 넉넉한 인심. 마음이 편안하다. 공동체의 나누는 삶을 산다.

시골에 대한 인상(부정적) : 힘들다. 여름나기가 괴롭다. 모기. 파리.

시골에 대한 추억 : 할머니. 쏟아지는 별. 시냇물. 먼지 나는 길. 아궁이. 가을날 발갛게 매달려 있는 감. 굴뚝의 저녁연기. 여름밤 풀벌레 소리. 옛날 얘기.

변화하는 시골 : 텅 비어 가는 마을, 젊은이는 다 도시로 가고 노인만 남아있다. 귀농. 첨단 농법. 전원주택

이렇게 묶어 놓으면 '시골'이라는 가주제에 훨씬 더 구체적이고 한정적인 부분으로 접근해 들어갈 수 있다. 즉, '시골의 풍경'이라든지, '시골에 대한 추억', '변화하고 있는 시골의 모습' 등 '시골'에 대한 어느 한 부분에 집중해서 글을 쓸 수 있게 된다. 또한 이런 분류를 토대로 개략적인 개요를 작성할 수도 있다.

이렇듯 자유 연상법은 어떤 화제에 대하여 글을 써야 할 경우 화제를 한정하고 구체화하여 특정한 주제를 설정해 나가도록 하는 데 유용하게 사용할 수 있을 뿐더러 그 주제를 효과적으로 풀어나가는 데에 필요한 재료들을 얻을 수 있다는 점에서 글쓰기 과정에서 유용하게 적용될 수 있다.

가주제 "길, 가족, 스트레스, 돈" 중에서 어느 하나를 선택하여 자유 연상법을 이용하여 〈예시1〉처럼 연상을 하고, 연상한 항목들을 〈예시2〉처럼 내용이 같은 것끼리 분류해 보세요.

연상

분류

2. 주제 정하기

쓸거리를 생각한 다음에는 어떤 내용을 핵심으로 삼아 글을 갈무리해 나갈 것인지를 생각해야 한다. 주제는 한 편의 글을 통하여 글쓴이가 전달하고자 하는 중심 생각이다. 즉 주제는 쓸거리가 지닌 내용을 통해서 글쓴이가 드러내고자 하는 가치이며 태도이고, 글쓴이의 의도와 주장 가치관을 드러내는 것이기도 하다. 내가 생각해 낸 쓸거리를 이용하여 내가 이야기하고 싶은 내용이 무엇인지를 생각한 다음 글을 쓴다면, 그것이 바로 주제가 된다. 따라서 쓸거리가 동일하다고 하더라도 글의 주제는 달라질 수 있다.

처음부터 주제를 정하여 글을 쓴다는 것은 글쓰기에 능숙한 사람이 아닌 한 힘든 일이다. 우선 우리는 한 개의 주제를 정하기 위해 여러 단계를 거치는 과정이 필요하다.

글을 처음 쓸 때 우리는 '무엇을 쓸까'를 가장 먼저 고민한다. 그 '무엇'이 주제가 되지만, 그 '무엇'은 여러 단계를 거쳐 주제의 모습을 갖게 된다.

1) 주제를 정하는 기준

① 글의 초점과 시각을 선명히 드러낼 수 있도록 가능한 주제를 한정한다. 어떤 주제 또는 화제가 설정되었다고 해서 바로 글쓰기로 들어가는 것은 쉽지 않다. 주제가 아무리 단순하다고 할지라도 거기에는 관련된 다양한 정보들을 내포하고 있으며 고려해야할 측면도 여러 가지가 있기 때문이다.

예를 들어 '인터넷'을 주제로 하는 글쓰기를 해보라고 하면 처음부터 바로 자신 있게 글을 쓸 사람은 그리 많지 않다. 왜냐하면 '인터넷'에 대하여 생각을 해 보면 엄청나게 많은 정보가 생각나기 때문에 어떤 측면에서 어떻게 접근해야 할지 막막하기 때문이다. 그렇다고 인터넷과 관련되어 생각나는 모든 것들, 즉 '인터넷이 우리 삶에 미치는 영향, 인터넷의 효용 가치, 인터넷의 문제점, 현대인과 인터넷의 관계, 익명성의 문제, 정보의 공유, 정보 퍼 나르기' 등등을 다 늘어놓는다고 해서 좋은 글이 되는 것은 아니다. 오히려 혼란스럽고 요령이 없는 글이 되고 만다.

그래서 우리는 어떤 주제가 가지고 있는 여러 가지 정보 중에서 내가 다루어야 할 부분을 한정짓는 것이 필요하다. 즉 주제의 범위를 명확하게 한정하고 구체화할 필요가 있는 것이다. 위의 예에서 '인터넷의 효용 가치'에 대해서만 글을 쓴다든지, '인터넷의 익명성이 갖는 문제점'에 대해서만 다룬다든지 해서 주제를 적당히 한정할 수가 있다.

이렇게 주제를 한정시켜 놓으면 주제가 포함하고 있는 여러 정보들 중에서 한 곳에 집중해서 글을 쓸 수 있고 좀 더 면밀하게 글을 쓸 수가 있다. 즉 글에서 다루어야 할 내용과 그렇지 않은 것들을 취사선택할 수 있게 될 뿐 아니라 글에서 다루는 내용 중 강조되어야 할 부분이 무엇인지, 글의 순서는 어떻게 기술되어야 할지도 분명해진다. 그리고 글에서 다루어져야 할 내용들에 대해서도 주제와 관련하여 그 중요성이나 가치에 대한 평가를 할 수 있게 된다.

한정되고 구체화되기 이전의 주제를 가주제 또는 화제(위의 예에서 '인터넷')라 하고, 가주제에서 구체화되고 한정된 주제를 참주제(위의 예에서 '인터넷의 효용 가치, 인터넷의 익명성이 갖는 문제점' 등)라 한다. 가주제에서 바로 글쓰기에 들어가는 것이 아니라 주제를 한정하여 참주제를 설정하는 것이 좋은 글을 쓰기 위한 과정으로 꼭 필요한 것이다.

② 글 쓰는 이가 관심을 가지고 있고, 자신의 능력으로 글을 완성시킬 수 있는 주제를 선택한다. 관심도 없는 주제인데 다른 사람이 선택한 주제가 멋이 있어 보인다든지 적어도 이만한 문제는 잡아야 체면이 선다든지 해서 실제로 자기의 관심과는 거리가 먼 것을 주제로 잡으면 글을 제대로 쓰지 못하게 된다. 또한 관심은 가지고 있으나 아직 필자의 능력으로는 다룰 수 없는 주제일 경우에도 적당한 주제라고

말할 수 없다. 학생들의 글 가운데 그 제목이나 주제는 거창한데 실제 내용은 별 수 없이 관념적이고 상식적인 것이어서 작문의 가치를 평가받지 못하는 경우가 많은데, 이런 경우는 대개 관념적이고 추상적인 주제로 글쓴이가 구체적으로 접근할 능력이 부족한 주제를 선택하였기 때문이다.

③ 읽는 이의 관심과 흥미를 불러일으킬 수 있는 참신한 주제이면 더욱 좋다. 글쓴이가 관심을 가지고 있는 문제이고 충분히 알고 있는 문제라 하더라도 독자에게 관심과 흥미가 없다면 좋은 주제라고 할 수 없다. 글은 그 글을 읽을 상대자, 즉 독자가 있게 마련이기 때문에 독자에게 공통적인 관심을 불러일으키는 문제를 주제로 선택하는 것이 좋다.

2) 주제문 작성

주제를 설정했다고 해서 금방 그 주제가 잘 표현되도록 글을 쓸 수 있는 것은 아니다. 아무리 명료한 주제라 하더라도 그것만으로는 글이 어떤 방향으로 나아가야 할지, 글의 내용과 길이가 얼마나 될지, 글이 주제에서 벗어나지는 않을는지 가늠하기가 어렵기 때문이다. 이때 필요한 작업이 주제문을 작성하는 일이다.

주제문은 어떤 주제에 대한 글쓴이의 입장이나 태도, 글의 핵심 내용이 드러나도록 하나의 완전한 문장으로 만든 것을 말한다. 어떤 화제에 대하여 주제를 적당히 한정적인 것으로 잡은 다음에, 이 참주제를 하나의 완전한 문장인 주제문으로 작성을 하게 되면 글의 방향이 주제문에 제시되어 있기 때문에 글을 써나가는 동안 원래의 의도와는 상관없는 엉뚱한 방향으로 글이 흘러가는 것을 막아준다. 즉 글 쓰는 사람에게 있어서 주제문은 자동차 운전자에게 있어서의 차선과도 같은 것이다.

'해외 연수'라는 가주제에서 참주제를 거쳐 주제문을 작성한 예를 보면 다음과 같다.

<예시>
가주제 : 해외 연수
참주제 : 초등학생의 해외 연수에 대한 입장
주제문 :
  (1) 초등학생의 해외 연수는 새로운 문화를 경험할 수 있는 기회가
      되므로 장려되어야 한다.
  (2) 초등학생의 해외 연수는 외국어 능력을 향상시키는 데 도움이 되
      므로 장려되어야 한다.
  (3) 초등학생의 해외 연수는 지불한 경비에 비해 연수 효과가 미비하
      므로 신중하게 결정되어야 한다.
  (4) 초등학생의 해외 연수는 충분한 사전 검토를 통해 이루어질 때
      그 효과를 얻을 수 있다.

위의 예에서 보면 동일한 참주제에서도 주제문을 어떻게 작성하느냐에 따라 '초등학생의 해외 연수'에 대한 다양한 입장이나 판단이 취해질 수 있음을 알 수 있다. 그리고 이 입장이나 판단에 따라 글의 방향이 달라진다. 이렇듯 주제문은 글의 방향을 잡아주는 데 아주 유용하다.

그런데 주제를 문장으로 만든다고 해서 모두 좋은 주제문이 되는 것은 아니다. 주제문을 작성할 때는 다음과 같은 점을 유의해야 한다.

① 완전한 하나의 문장으로 기술되어야 한다. 그렇지 않으면 참주제를 그대로 옮겨 놓는 것 같아서 여전히 모호하게 된다.

안락사에 대하여 (×)
안락사는 인간의 존엄성과 관련이 되기 때문에 신중하게 허용되어야 한다. (○)

② 의문문은 주제문이 될 수 없다. 왜냐하면 의문문에는 필자의 생각이 드러나 있지 않기 때문이다.

> 독도의 진정한 주인은 누구인가? (×)
> 독도는 역사적으로나 정치적으로나 한국의 영토임이 분명하다. (○)

③ 모호한 표현은 피한다. 주제문에는 특정 주제에 대한 글쓴이의 입장이나 태도가 분명하게 드러나도록 해야 하기 때문이다.

> 독서는 의미 있는 작업이다. (×)
> 독서는 직접 경험하지 못하는 세계를 경험할 수 있게 하는 의미 있는 활동이다.(○)

④ 가능한 한 비유적인 표현은 피한다. 비유적인 표현은 사람에 따라서 다르게 해석될 여지가 있기 때문에 글 쓰는 사람의 생각을 명확히 드러낼 수 없다.

> 어머니의 사랑은 촛불이다. (×)
> 어머니의 사랑은 자식을 위해 기꺼이 자신을 희생하는 숭고한 사랑이다. (○)

* 앞에서 분류한 내용을 토대로 참주제를 설정하고, 설정한 주제를 주제문으로 작성해 보세요.

> (1) 참주제

(2) 주제문

_(빈 칸)_

3. 구조 짜기

글을 직접 써 나가기 전에 우리는 글을 어떻게, 어떤 방법으로 엮어 나갈 것인지를 먼저 생각해야 한다. 즉 주제를 정하고 그에 따른 제재가 모아지면 그 제재들을 주제를 중심으로 효과적으로 배열하여 전체 얼거리를 짜는 일을 해야 한다. 다음 글을 한번 음미해 보자.

옛날 어느 목수가 효자 비각을 세우는 공사를 맡았다. 그러나 목수는 며칠이고 나무토막만 자르고 있었다. 이것을 본 주인은 목수가 하는 짓이 하도 의아스러워서, 그 잘라 놓은 나무토막 몇 개를 몰래 감추어 놓았다.

그런데 그 목수는 며칠 뒤 나무 자르기를 그만두고, 그가 자른 나무토막을 세웠다. 산더미처럼 쌓인 나무토막을 세고 또 세고 하더니, 고개를 갸우뚱거리며 우거지상을 했다. 이 광경을 본 주인이 왜 그러느냐고 목수에게 물어 보았다.

"나으리 마님, 제 정성이 부실해서 이 비각을 짓지 못할 것 같습니다. 이름난 효자 비각을 어찌 저의 부실한 정성으로 세울 수 있겠습니까? 소인 이대로 물러갈까 합니다."

"아니 도대체 그게 무슨 소린가? 정성이 부실하다니? 도무지 이해가 안 되는군."

"나으리 마님, 들어보세요. 소인이 비각을 지을 설계를 머릿속에 짜놓고 그대로 나무토막을 잘랐는데, 지금 세어 보니 두 개가 모자랍니다. 이런 부실한 정성으로서야 어찌 훌륭한 비각을 세우겠습니까?"

이 말을 듣고, 주인은 얼른 숨겨 놓았던 두 개의 나무토막을 내어 놓으며 숨겨둔 이유를 밝혔다. 목수는 그때서야 회심의 미소를 짓고는 잘라 놓은 나무토막으로 비각을 짓기 시작하였다. 그리고 며칠 뒤에 깜짝 놀랄 만한 비각을 준공했다.

– 손동인 『오늘의 문장강화』 중에서

윗글에서 목수는 비각을 짓기 전에 자기가 지어야 하는 비각의 전체 구조를 이미 머릿속에 그려 놓고 있었음을 알 수 있다. 이 글은 작품을 쓰는 사람이 한 번쯤 생각해 볼 만한 글이다. 작품을 쓰는 일을 포함하여 모든 일을 할 때는 그 일의 전체 얼거리를 먼저 염두에 두고 일을 시작해야 하기 때문이다.

작품 전체의 얼거리를 짜는 일이 구상이다. 다시 말하면 구상은 작품을 통해서 자신이 말하고자 하는 주제를 효과적으로 표현하기 위해서 어떤 순서와 방법으로써 나갈 것인가를 미리 머릿속으로 정리하는 과정을 가리킨다. 따라서 이 과정에서는 주제와의 관련성에 따라, 혹은 재료들 사이의 논리적 선후관계에 따라 그 재료들을 어떤 순서로 배치할 것인가, 또는 자신이 말하고자 하는 바를 어떤 절차와 논리를 이용하여 서술할 것인가 하는 것들을 정해야 한다. 그런 점에서 구상은 집을 짓기 전에 집의 전체 구조를 생각하고 세부적인 공간 배치 방식을 결정하는 일과 비슷하다고 할 수 있다.

그런데 이 구상을 머릿속으로만 한다면 자칫 잊어버리기가 쉽다. 물론 간단하게 쓰는 글일 경우, 또는 신변잡기적인 글을 쓸 경우에는 머릿속으로만 구상을 해도 크게 혼동될 염려 없이 글을 쓸 수 있다. 그러나 주제가 전문적인 것이라든가 다루어야 할 내용들이 많은 주제라고 한다면 머릿속에서만 구상하여 글을 쓰는 것이 힘들다. 따라서 구상의 내용을 글로 간단하게 정리해 놓을 필요가 있다. 이처럼 구상의 내용을 글로 간단하게 정리해 놓은 것을 개요(Outline)라 한다.

구상의 내용을 바탕으로 간단한 개요를 작성해 두면 글의 내용을 일관성 있게 유지할 수 있으며, 전체적인 구조 속에서 글을 쓰기 때문에 갈팡질팡한다거나 애초의 주제에서 벗어나서 글이 엉뚱한 방향으로 전개되어 가는 일을 막을 수 있다. 시나리오를 쓰는 작가들이 작품에 들어가기 전에 쓰는 스토리 라인도 바로 구상의 내용을 개요로 작성해 놓은 것으로 볼 수 있다.

개요는 크게 보아 목차식 개요와 문장식 개요로 나눌 수 있다. 목차식 개요란 책의 목차처럼 글에서 다룰 내용을 간단히 항목화한 것을 가리키고, 문장식 개요는 각 항목에서 다룰 내용의 핵심을 문장으로 정리한 것을 가리킨다.

목차식 개요는 글의 내용이 전개되어 가는 과정을 일목요연하게 드러내 주기 때문에 전체 체계를 파악하는 데 편리한 점이 있지만, 복잡한 내용을 간단하게 항목화하는 데서 오는 공백을 메우기가 쉽지 않다.

문장식 개요는 문장으로 개요가 작성되기 때문에 글 전체 내용의 핵심을 쉽게 파악할 수 있지만 글을 전개해 나가는 논리적 절차를 한 눈에 파악하기 어렵다.

〈예시〉 목차식 개요

1. 안락사 논쟁
2. 안락사의 정의와 종류
    (1) 안락사의 정의
    (2) 안락사의 종류
        ① 자발적 안락사
        ② 비자발적 안락사
3. 안락사 반대론
    (1) 인간의 존엄성 훼손
    (2) 안락사 보편화 위험
4. 안락사 찬성론
    (1) 환자의 고통 해소
    (2) 환자 가족의 부담 해소
5. 안락사에 대한 입장

〈예시〉 문장식 개요

1. 현대 의학으로 치료할 수 없는 환자에 대한 안락사가 논쟁거리로 대두
   되고 있다.
2. 안락사의 정의와 종류
    (1) 안락사란 생존의 가능성이 없는 병자의 고통을 덜어주기 위하여 인
        위적으로 죽음에 이르게 하는 일이다.
    (2) 안락사에는 자발적 안락사와 비자발적 안락사가 있다.
        ① 자발적 안락사는 당사자가 안락사에 동의하고 그것을 타인이 아는
           안락사이다.
        ② 비자발적 안락사는 당사자의 정상적인 의사 표시가 불가능한 경우
           의 안락사이다.

3. 안락사는 행해져서는 안 된다.

    (1) 안락사는 인간의 존엄성을 훼손하는 행위이다.

    (2) 의사가 최선을 다하지 않고 안락사를 시킴으로서 안락사를 보편화시
킬 위험성이 있다.

4. 안락사는 필요하다.

    (1) 불치의 병을 앓고 있는 환자를 질병의 고통으로부터 해소할 수 있다.

    (2) 고통을 함께 겪어야 하는 가족들의 슬픔과 경제적 부담을 해소할 수
있다.

5. 안락사는 필요하지만 신중하게 결정되어야 한다.

목차식 개요와 문장식 개요의 형태는 앞에서 설명한 참주제와 주제문의 관계와 유사하다고 볼 수 있다. 두 가지 개요 방법 중 어느 것이 더 낫다고 할 수는 없으며, 실제로 개요를 짤 때 꼭 한 가지 형식만을 고집할 필요도 없다. 상황에 따라 목차식 개요와 문장식 개요를 적절히 섞어서 사용할 수도 있는 것이다.

이제 우리가 앞에서 자유연상을 통해 생각해 낸 내용을 정리한 자료(예시 2)로 주제문과 개요를 작성해 보도록 하자. 자유 연상을 통해 생각해 낸 자료들이 개요 속에서 자연스러운 흐름을 갖도록 배열하는 것이 중요하다. 개요는 목차식 개요나 문장식 개요 어느 하나를 선택해서 작성해도 좋고, 둘을 적절히 섞어서 작성해도 좋다.

〈예시〉

제목 : 시골, 그 추억의 자락에서

주제문 : 추억 속의 시골이 많은 변화를 겪었지만 여전히 마음의 고향으로
      남아 있다.

개요 :

1. 누구나 시골에 대한 추억을 하나쯤은 가지고 있을 것이다.
   (1) 여름 한철, 뙤약볕 아래에서 시냇물에 뛰어들어 멱을 감고 물고기를 잡던 일.
   (2) 여름 밤, 마당 한 편에 모깃불을 피워놓고 밤하늘의 별을 세던 일.
   (3) 가을날, 빨갛게 익은 감을 따서 광주리에 차곡차곡 담던 일.
   (4) 겨울날 마을 뒤편 비탈길에서 비닐포대로 눈썰매를 타던 일.
2. 아름다운 추억 속의 시골은 마음을 넉넉하게 해 주는 공간이었다.
   (1) 넉넉한 인심
   (2) 마을 사람들과 더불어 살아가는 모습을 보여주었다.
   (3) 자연과 사람이 모두 우리의 스승이 되었다.
3. 산업화 도시화에 밀려 시골은 소외된 공간으로 전락하였다.
   (1) 젊은이들이 시골을 떠나 도시로 가버리자 시골은 텅 비어 갔다.
   (2) 근대화에서 시골은 소외되었고 점차 살기 불편한 공간으로 생각되었다.
4. 새롭게 변화하는 시골
   (1) 전원의 삶을 꿈꾸는 사람들이 늘어가고 있다.
   (2) 젊은이들이 귀농을 하면서 시골이 활기를 찾아가고 있다.
   (3) 생활환경이 나아지고 있다.
   (4) 외형은 추억 속의 시골과 많이 다르지만 여전히 시골은 마음의 고향으로 남아 있다.

 개요까지 완성이 되었다면 이미 글 절반을 썼다고 해도 과언이 아니다. 완성된 개요는 글의 뼈대가 되기 때문에 이를 바탕으로 글을 쓴다면 무엇을 어떻게 쓸 것인지 우왕좌왕하지 않고 일관성 있게 글을 쓸 수 있게 된다. 이제 한 편의 글을 완성하는 것은 여러분 손끝에 달려 있다.

🌸 앞의 내용을 토대로 〈예시〉처럼 제목, 주제문, 개요를 작성해 보자.

    (1) 제목 :

    (2) 주제문 :

    (3) 개요

(4) 작성된 개요를 바탕으로 글을 써 보세요.

제12장

실용 글쓰기

실용 글쓰기는 성공적인 사회생활을 위한 글쓰기다. 정보·통신기술이 발달하면서 현대인들은 음성 정보보다 문자 정보를 더 많이 사용한다. 휴대폰도 음성보다 글로 쓰는 문자 메시지의 사용 빈도가 압도적이다. 특히 인터넷이라는 사이버 공간이 만들어지면서 '글'은 누구나 써야하는 사회생활의 필수적인 수단이 되었다. IT기기를 통해 시공간의 제한 없이 자신의 뜻을 무한히 펼칠 수 있는 세상이 되면서, 이 시대를 살아가는 사람들은 '글쓰기'가 삶의 일부가 될 정도로 '글'과 친숙한 생활을 영위한다. 이렇게 '글'이 큰 비중을 차지하면서 현대인들에게는 글을 잘 써야 한다는 부담감이 생겼다. 이에 좀 더 정확하고 설득력 있고 호감을 주는 글쓰기에 대해 깊이 생각할 시간이 필요하다.

1. 이메일 쓰기

우리 사회가 디지털 시대를 맞이한 현재 이메일은 일상생활에서뿐만 아니라 공적인 업무에서도 가장 흔한 의사소통 수단이 되었다. 이메일은 인터넷 사이버공간에 접속할 수 있기만 하면 언제 어디서든 손가락만으로 여러 가지 정보를 전달할 수 있다. 이전 시대에는 글쓰기가 소수의 전문적인 사람들의 전유물이었다면 이메일 시대에는 전자 스크린이 종이 편지지를 대신하면서 글쓰기가 보통 사람들의 일상으로 자리 잡기에 이르렀다. 이메일은 자신의 감정을 전달하는 글쓰기로부터 모임 공지, 서면 상담, 중요한 회의 자료를 알리는 글쓰기에 이르기까지 무척 다양한 글쓰기를 필요로 한다. 이메일은 사회생활의 시작이다.

1) 제목으로 사로잡기

제목은 내용을 효과적으로 전달하기 위해 붙이는 이름이다. 이메일의 성격과 내용에 따라 제목은 달라질 수 있다. 어떤 경우는 자세한 내용을 읽어보지 않아도 제목만 보고 중요한 전달 사항을 판단할 수 있게 제목을 붙여야 할 때도 있고, 또 다른 경우는 이메일의 내용에 대한 궁금증을 자아내어 내용에 관심을 갖도록 제목을 붙여야 할 때도 있다.

현대인들은 하루에도 여러 통의 이메일을 받고 이메일을 쓴다. 매일 매일 이메일이 지나치게 많이 전달되기 때문에 현대인들에게는 이메일을 확인하는 것이 하루 일과 중의 하나가 되었다. 받은 편지함에 쌓여 있는 여러 통의 이메일 중 어떤 것은 읽히고 어떤 것은 버려진다.

이 때 선택의 기준은 무엇인가? 제목이다.

대부분의 사람들은 제목만 보고도 스팸 메일인지 아닌지를 알아차린다. 나에게 필요한 정보를 주지 못하는 메일은 아무리 친구가 보낸 메일이라 할지라도 스팸 메일로 분류된다. 나아가 사람들은 제목만 보고도 메일 내용의 진실성까지 가늠한다.

어떤 제목은 왜 클릭을 하고 싶은가. 어떤 제목은 왜 휴지통에 버리는가?

2) 클릭하게 만드는 제목 달기 비법

① 내용과 일치시킨다

공문서를 처리하거나 사무적인 업무 내용을 전달하는 이메일은 제목에서 정확성이 느껴져야 한다. 이런 경우는 제목만 보고도 어떤 내용이 담겨있는지 충분히 예측이 가능해야 한다.

> "여성연합 하반기 사업 계획서"
> "제 13차 산악회 가을 등반 공지합니다"
> "JJ대학교 입학 절차 및 등록금 안내"
> "도서 반납일입니다"

② 간결하게 압축한다

제목은 화면에 완전히 다 보일 정도의 길이가 좋다. 핵심어가 충분히 들어가 있으면서도 짧은 제목은 가장 먼저 눈길을 끈다. 구구절절이 내용을 풀어놓은 제목은 화면에 한꺼번에 나타나지도 않고 핵심을 짚어내기 어렵기 때문에 독자로부터 외면당하기 십상이다. 제목을 읽는 순간 글의 내용이 무엇인지 확연하게 드러나는 제목은 정직한 인상을 준다.

> "스폰서를 구합니다"
> "선생님, 덕분에 합격했어요"
> "아버지 생신, 기억하지?"
> "만나보기로 했습니다"
> "태희야, 내 마음 알지?"

③ 호기심을 끌어낸다

이메일을 읽는 사람은 자신에게 꼭 필요한 정보 이외에는 제목이 흥미로워야 클릭을 하게 된다. 읽는 사람의 호기심을 끌어내지 못하는 제목은 클릭되지 못하고 곧장 휴지통으로 직행하게 된다. 읽는 사람의 호기심을 끌어내기 위해서는 시각, 청각, 후각, 촉각, 미각 등 오감을 동원한 비유를 사용하는 것이 좋다.

> "으라차차, 일자리가 생겼어요"
> "한 시간에 맛보는 삼국지 특강"
> "만져보세요, 다르죠? 체험 미술품전"
> "얼씨구, 흥소리 축제를 즐기세요"
> "물 묻은 쪽박에 깨 달라붙듯 하네요"

④ 성공 사례를 활용한다

사람들은 일반적으로 실패 사례보다는 성공 사례를 좋아한다. 성공 사례는 보통 사람들이 그토록 이루고 싶어 하는 목표이기도 하고 동일시 대상이기도 하다. 따라서 제목을 달 때에도 어떤 분야에서 큰 업적을 성취한 유명 인사나 흥행에 성공한 영화, 광고, 책 등을 활용하면 독자의 클릭을 이끌어내기 쉽다.

> "김연아처럼 극복해요, 동계훈련 일정표 보냅니다"
> "왕의 남자? 아니! 당신의 남자가"
> "구글의 성공 비결, 읽어보시길"
> "아바타를 뛰어 넘는 환상의 만남! 초등 동창회"
> "엣지 있게 부탁드려요"

⑤ 실감나게 표현한다

사람들은 실감나는 표현을 만나면 상상력을 작동시킨다. 제목도 마치 현장에서 직접 체험한 것처럼 리얼하게 붙이면 읽는 사람이 역동감을 느껴 감히 휴지통에 버리는 행동을 할 수 없게 된다. 즉 실감나는 제목은 읽는 사람의 손가락을 자연스레 클릭으로 가져가게 하는 위력을 쉽게 발휘한다.

> "물 붓듯이 부어주신 사랑, 잊지 않겠습니다"
> "63빌딩의 10배 높이, 이번 주에 도전합니다. 스카이다이빙체험관"
> "제 인생의 광복절, 이 달 28일 결혼합니다"
> "수돗물에도 손을 베이는 남자, 당신이 그립습니다"
> "우리 인생 최고의 지휘자였던 아버지께 같이 선물해요, 오빠!"

3) 공지사항을 전할 때

이메일로 공지사항을 전달할 때는 먼저 제목을 달고 공지사항의 내용을 간략하게 기술한 후 세부 내용을 한 눈에 알 수 있게 개조식 또는 도표식으로 작성한 뒤 관련 사진을 첨부하는 것이 바람직하다.

4) 자신의 의견을 전할 때

이메일로 자신의 의견을 전할 때는 먼저 간단한 인사말을 쓴 뒤, 이러한 메일을 전하게 된 이유 또는 경위를 설명한 후, 자신의 의견을 밝히는 것이 좋다.

5) 특색 있는 이메일 보내기

일상화된 이메일 쓰기도 창의적으로 자신만의 개성을 담을 수 있을 때, 성공적인 사회생활은 물론 가족, 친구, 애인, 동료와도 좋은 관계를 맺는 훌륭한 매체로 활용될 수 있다.

6) 이메일 쓸 때 주의할 점

(1) 가능한 첨부파일을 보내지 않는다

메일을 받는 사람은 첨부파일을 제대로 발견하지 못하는 경우가 많다. 또 메일을 받는 사람의 입장에서는 첨부파일이 추가된 경우, 첨부파일을 열어야 하는 번거로움을 느낄 수 있다. 따라서 가능한 본문에 내용을 수록하여 굳이 파일 첨부를 하지 않도록 한다.

(2) 그림 파일은 용량을 줄인다

그림 파일을 보낼 때는 적은 파일 형태로 바꾸어야 한다. 용량이 큰 파일은 압축 파일로 보내야 한다.

(3) 답장은 가능한 새로운 메일로 보낸다

받은 메일에 대한 답장 메일을 쓸 경우는 가능한 새로운 메일로 보내는 것이 좋다. 답장 메일로 보내는 경우는 받는 사람으로 하여금 무성의하다거나 불쾌하다는 인상을 줄 수 있다. 그러나 정확한 의사소통이 필요한 경우는 이전 문서를 다시 확인할 수 있도록 답장 메일을 회신으로 보낼 수 있다.

(4) 첨부파일 내용을 본문에 약술한다

중요한 파일을 첨부할 경우는 첨부파일이 있다는 것을 본문에 밝힌 다음 간략하게 첨부파일의 내용을 언급하는 것이 좋다. 첨부파일을 여러 개 보내는 경우는 받는 사람이 보낸 첨부파일을 다 확인하지 못하는 일이 발생하지 않도록 미리 주의를 환기시킬 필요가 있다.

(5) 자신의 실명으로 서명한다

공적인 문서를 보내거나 윗사람에게 보내는 이메일은 별명을 사용하지 않는다. 메일을 보내기 직전에 반드시 자신의 실명을 밝혔는지 확인해야 한다.

2. 이력서 쓰기

이력서란 취직을 위한 면접의 기회를 얻기 위해 회사 등 조직에 제출하는 문서이다. 이력서에는 개인의 신상정보, 학력, 경력 등을 시간 순으로 요약하거나 혹은 나열해 놓아야 한다. 이력서는 영어로 레주메(résumé), 또는 커리큘럼 바이티(curriculum vitae)라고 하며 이를 줄여 CV라고 부르기도 한다.

회사 등 조직의 입장에서 보면, 채용기관의 채용 담당자가 어떤 사람을 채용하기 위해서 처음으로 접하는 문서가 바로 이력서이다. 채용기관에서는 이러한 이력서를 가지고 앞으로 면접을 더 볼 것인지를 결정하게 된다. 이력서는 입사를 위한 지원서인 입사지원서와 구별하여 이야기하기도 한다.

일반 목적의 이력서에는 신상정보, 학력, 경력 등 간단한 정보만이 들어가지만 목적에 맞게 작성해야하는 이력서도 있다. 이러한 이력서에는 자신의 직무 적합성을 위한 경력, 직무 경험 등을 상세히 기록하기도 한다.(위키백과)

이력서는 구직자와 인사담당자가 처음으로 만나는 장이다. 구직자는 이력서를 통해 인사담당자에게 자기를 소개하는 것이고 인사담당자는 이력서를 통해 구직자의 대략적인 면면을 파악한다. 따라서 구직자가 성공적인 사회 진출을 원한다면 이력서 작성에 심혈을 기울여야 한다.

구직자가 이력서의 형식을 모르거나 이력서를 대충대충 작성했다면 인사담당자는 그러한 이력서를 작성한 구직자를 굳이 만나야 할 필요를 느끼지 못한다. 엉성한 이력서를 작성한 구직자는 한마디로 말해 무식하거나 성의가 없는 사람으로 평가된다.

지나치게 튀는 이력서나 지나치게 분량이 많은 이력서, 지나치게 화려한 이력서, 지나치게 치장을 한 이력서, 지나치게 내용을 풀어서 쓴 이력서 등은 오히려 인사 담당자의 눈살을 찌푸리게 만든다.

가장 무난한 이력서는 인사담당자가 10~20초 동안에 살필 수 있는 분량이어야 한다. 이력서의 모든 사항은 질서정연하고 깔끔하게 정돈되어 있다는 인상을 주어야 하며, 개인의 이력은 학력, 경력, 자격, 기타 등 항목별로 구분되어야하며 정직하고 선명한 느낌을 주어야 한다.

1) 이력서 형식

이 력 서

사진	성 명	홍길동	영 어	Hong Gildong
	주민등록번호	101212-2302199		
	전화번호	063-2200-2009	휴대폰	010-999-9999
	E-mail	jeonju2020@korea.jj.ac.kr		
	주 소	(우편번호) 전북 전주시 완산구 천잠길 효자아파트 123동 1009호		

학력 사항			
기 간	학 교 명	학 과	비 고
2028.03~2038.02	전주대학교 대학원	국어국문학과	박사학위 취득
2025.03~2028.02	상담 디지털대학원	상담학과	석사학위 취득
2020.03~2025.02	한국방송통신대학교	영어영문학과	학사학위 취득
2016.03~2020.02	성심고등학교		졸업
2015.12	고등학교 입학자격 검정고시		합격

경력 사항		
기 간	관 련 내 용	비 고
2039.02~현재	민족예술인총연합회	사무국장
2038.02~2039.01	중앙의료원 원무과	사무보조

자격 사항		
년/월/일	상세 내용	발행처
2020.01.19	인터넷 정보검색사 1급 취득	대한상공회의소
2019.08.22	컴퓨터 활용 능력 1급 취득	대한상공회의소
2018.07.13	워드프로세서 1급 취득	대한상공회의소

개인 능력		
외국어 능력	영 어	상 / 중√ / 하(독해, 작문, 회화 가능)
	TOEIC	912점(2010.05.25/토익위원회)
컴퓨터 능력		기본 OA(MS-WORD, HWP, EXCEL) 및 포토샵 사용 가능, 인터넷 능숙

기타 사항						
신 장	172cm	체 중	61kg	시 력	좌·우: 1.0	
취 미	인터넷 서핑		특 기	게임		

위의 사실이 틀림없음을 서약합니다.

2040년 8월 9일

지원자 : 홍길동(인)

2) 이력서 작성할 때 주의할 점

① 빈 칸을 없앤다

이력서 분량은 1장 또는 2장 정도면 충분하다. 이력서에 빈 칸이 있으면 무언가 부족해 보이는 인상을 주기 쉽다. 가능한 항목을 조절하거나 배열을 새롭게 만들더라도 빈 칸을 최대한 줄여야 한다.

② 글자는 보통 모양으로 작성한다

글자 모양은 바탕체 또는 명조체, 신명조체가 적당하다. 다른 글자 모양은 튀는 느낌을 주기 때문에 유의해야 한다. 글자 크기는 11포인트가 좋다. 그런데 내용이 많을 때는 10포인트로 조정하는 것도 바람직하다.

③ 사진은 파일로 저장한다

국문 이력서는 사진을 붙이는 것이 기본이다. 영문 이력서는 보통 사진을 붙이지 않는다. 사진은 자유로운 복장이 아닌 긴팔 정장 차림의 앞모습이 기본이다. 정장은 보통 검정, 감색, 진회색, 밤색 등 어두운 색깔의 양복에 밝고 연한 와이셔츠나 블라우스 차림을 말한다. 남성은 넥타이, 여성은 간단한 액세서리가 무난하다.

반팔 차림의 사진 또는 화려한 무늬의 의상이나 캐주얼한 차림의 사진, 옆모습의 사진, 크게 웃는 모습의 사진 등은 붙이지 않도록 주의한다.

이력서를 온라인으로 보낼 때는 사진 파일을 사용한다. 사진은 gif 또는 jpg 확장자로 된 파일로 준비한다. 사진 파일은 용량이 50KB미만이 되도록 포토샵을 이용하여 손질해 둔다. 사진 크기 또한 규격에 맞게 줄여서 저장해 둔다. 흔글 97로 작업한 문서인 경우는 '그림 고치기' 창에서 반드시 '문서에 포함'에 체크해야 한다. 그렇지 않을 경우에는 이력서에 사진이 나타나지 않는다.(손언영, 『자기소개서, 이력서 쓰기』, 랜덤하우스, 2008, 28~29쪽)

④ 영어 성명은 국립국어원의 규정을 참고하되, 네이버를 비롯한 포털사이트의 로마자 변환기를 활용한다

성명을 영어로 기입하는 경우는 국립국어원 홈페이지를 참고하는 것이 좋다. 국립국어원 홈페이지에는 한글 인명이나 지명 등을 어떻게 로마자로 표기해야하는지가 상세히 설명되어 있다.

홍길동→Hong Gildong

⑤ 전화번호에는 지역번호가 포함되어야 한다

전화번호를 기입할 때는 지역번호가 맨 앞에 나오도록 하며 전화번호 사이에 '–' (하이픈)을 넣어 보는 사람이 쉽게 인식할 수 있도록 한다.

> 063-2208-3399
> 02-44456-77665

⑥ 주소는 자세하게 쓴다

최근 우리나라의 주소가 부분적으로 정비되었다. 가능한한 최근 주소로 자세하게 쓰는 것이 좋다.

> (우편번호)
> 전북 전주시 완산구 천잠2길 효자아파트 3009동 2089호.
> 서울 특별시 강남구 곤룡산 9길 10-7

⑦ 나이는 이력서 작성일을 기준으로 하여 '만'으로 적는다

나이는 '만 나이'가 기본이다. 이력서 작성일을 기준으로 할 때, 생일이 지났다면 우리나리에서 한 살을 빼고, 생일이 지나지 않았다면 두 살을 뺀 나이를 적는다. 정확하게는 이력서 작성일에서 자신의 양력 생년월일을 뺀 나이를 기입한다.

> 이력서 작성일(2025년 10월 21일) - 자신의 생년월일(2001년 4월 3일)=나이

⑧ 학력 사항은 최종 학력이 제일 위에 오도록 적는다

학력 사항은 입학과 졸업 연월을 맨 먼저 기입하되, 최종 학력이 제일 위에 오도록 기입한다. 기본적으로 대학원, 대학, 고등학교 학력은 기입하되, 의무교육인 초등

학교, 중학교 학력은 기입하지 않는다. 학력 사항 말미에는 보통 비고란을 두어 졸업, 이수, 수료, 중퇴 사항이나 학위 취득 상황을 기입한다.

⑨ 경력 사항은 경력 증명서를 제출할 수 있는 사항만 기입한다

경력 사항에는 해외 연수, 인턴 교육, 아르바이트 경력, 사회생활 경험, 교육 받은 경험 등이 포함된다. 단 정확한 근무 기간과 담당했던 업무를 기입하고 그것을 증빙할 수 있는 경력증명서가 추가로 제출되어야 한다. 경력이 많은 경우는 직무와 연관이 큰 경력만 기입하고 나머지는 생략한 후, 자기소개서에서 보충한다. 경력이 없는 경우는 경력 사항의 칸 자체를 삭제해버리는 것도 한 방법이 될 수 있다.

⑩ 자격 사항은 발행처가 분명한 사항만 기입한다

자격 사항은 자격증이 발급된 연월일과 자격증명, 발행처가 분명한 경우만 기입한다. 자격증이 많은 경우는 국가공인 자격증 위주로 기입한다. 자격증이 적은 경우에는 발행처가 분명한 민간 자격증을 기입해도 무방하다. 자격증이 없는 경우는 자격 사항의 칸 자체를 삭제해버리는 것도 한 방법이 될 수 있다.

⑪ 개인 능력에는 외국어 능력, 컴퓨터 능력, 수상 내역 등을 기입한다

개인 능력에는 외국어 능력과 컴퓨터 능력, 수상 내역 등을 기입하되, 증빙할 수 있는 자료가 분명한 경우로 제한해야 한다. 외국어 능력의 경우는 구체적인 언어와 공인받은 점수, 공인 기관이 분명해야 한다. 컴퓨터 능력인 경우 또한 공인받은 능력의 급수, 발행처 등이 분명히 명시되어야 한다. 공인된 개인 능력이 없다면 자신이 스스로 판단한 능력을 기입한다.

⑫ 기타 사항에는 신장, 체중, 시력, 취미, 특기 등을 기입한다

　기타 사항에는 보통 신장, 체중, 시력, 취미, 특기 등을 기입한다. 그런데 특별히 감추고 싶은 사항이 있다면 그 칸을 삭제하되 다른 특이 사항을 부각시키도록 한다.

⑬ 마지막 문구를 확인한다

　이력서의 마지막에는 '위의 사실이 틀림없음을 서약합니다.'라는 문구를 써 넣고 작성연월일과 작성자 이름을 기입한 후 날인 또는 사인한다.

⑭ 이력서를 서류의 맨 앞에 오도록 제출한다.

　이력서를 이메일로 제출할 때는 [입사 지원서 작성을 위한 안내문]에 따라 지시대로 행한다. 별다른 지시가 없으면 이력서를 제출하는 이메일 제목에 '이력서-이몽룡' 또는 '이몽룡-이력서'로 쓰고 이메일 내용에 '[사무 분야 신입직]에 지원하는 이몽룡 이력서입니다.'라고 밝힌 후 첨부파일로 이력서를 보낸다.

　이력서를 우편으로 제출할 때는 이력서에 직접 도장을 찍고 사진을 붙인 후 '이력서-자기소개서-자격증 사본-증빙 서류' 순으로 정리하여 서류의 앞면이 맨 위로 오도록 클립으로 고정시킨 후 해당 서류가 구겨지지 않도록 주의한다. 서류 봉투에는 [입사 지원서 발송 안내문]의 지시에 따라 기입하되 특별한 언급이 없으면 '[사무 분야 신입직]지원 이몽룡 이력서'임을 표기하는 것이 좋다.

현재의 상황에서 자신의 이력서를 작성해보세요. 이력서를 작성할 때는 자신의 장점을 부각시키고 단점을 최소화할 수 있도록 주의합니다.

이 력 서

사진	성 명		영 어	
	주민등록번호			
	전화번호		휴대폰	
	E-mail			
	주 소			

학력 사항			
기 간	학 교 명	학 과	비 고

경력 사항		
기 간	관 련 내 용	비 고

자격 사항		
년/월/일	상세 내용	발행처

개인 능력		
외국어 능력	영 어	상 / 중 / 하(독해, 작문, 회화 가능)
	TOEIC	
컴퓨터 능력		

기타 사항				
신 장		체 중		시 력
취 미			특 기	

위의 사실이 틀림없음을 서약합니다.

년 월 일

지원자 : (인)

자신의 10년 후를 상상하고 미래의 이력서를 작성해보세요. 미래의 이력서를 작성할 때는 10년 후에 자신이 성취했을 결과들을 구체적으로 가정해야 합니다.

3. 자기소개서 쓰기

자기소개서란 자신의 이름부터 시작하여 출생, 성장 배경, 학창 시절, 취미 생활, 경력, 직업, 포부 등을 남에게 알리는 글이다. 구직용 자기소개서인 경우는 글자 수를 제한하는 경우도 있고, 특정 주제에 대해 자신의 의견을 피력하게 하는 경우도 있다. 그러나 대개는 자기소개서의 일반적인 형식을 크게 벗어나지 않는다.

1) 자기소개서 항목

자기소개서는 특별히 규정된 양식이나 매뉴얼이 없다. 그러나 보통 자기소개서라고 할 때는 출생 및 성장 배경, 학창 시절, 성격의 장단점, 취미 생활, 경력, 지원 동기, 포부 등으로 구성한다.

자기소개서를 작성할 때는 각 항목을 명시하는 경우도 있고 항목 표시 없이 문단 나누기 정도로만 항목을 구분하는 경우도 있다.

① 항목을 명시하는 경우

자기소개서

성장배경

저는 사람의 외적인 아름다움은 얼마나 반듯한 외모를 가졌는가하는 문제보다 자기 자신에 대해서 얼마나 자신감이 있는가에 달려있다고 생각합니다. 그래서 저는, 특별히 미남은 아니지만 늘 긍정적이고 적극적인 사고방식으로 생활하다 보니 모두들 표정도 밝고 상대방으로부터 유쾌한 인상을 준다는 얘기를 많이 듣습니다. 또 어려서 부모님을 비롯하여 근엄하신 할아버지와 많은 시간을 함께 지냈던 덕분에 웃어른에 대한 예의가 무척 바른 편이며 항상 저 자신보다는 남을 먼저 배려하는 방법을 배웠습니다. 3남 중 둘째로 태어나 형제들과의 우애도 좋았으며 모든 사랑을 독차지하며 자라는 보통의 경우와는 달리 비교적 독립적이며 스스로 일을 해결하려는 성향이 강합니다.

아버지께서 개인사업을 하셨던 터라 경제적으로는 큰 어려움이 없었지만 늘 바쁘신 아버지의 빈자리가 때로는 큰 공백으로 느껴지기도 했습니다. 하지만 어머니께서 전문적인 직업을 갖고 계셨기 때문에 언제나 근엄하게 교육했으므로 성장기의 탈선이나 방황은 없었고 어머니의 따뜻한 사랑을 느낄 수 있었습니다.

학창 시절

교육열이 높으셨던 부모님께서는 제가 고등학교를 졸업한 후 형과 함께 서울에 기거하게 하셨으며 문화대학교 시각디자인학과에 입학하여 대학생활을 시작하게 되었습니다. 대학에 다니는 동안에 스스로 전공에 대한 많은 부족함을 느끼게 되었고 조금은 남다른 노력이 필요하다는 생각이 들었습니다. 결국 대학 2학년이 되는 해 휴학을 하여 미래컴퓨터 아트 스쿨 컴퓨터 애니메이션 과정을 2년간 수료하게 되었고 이를 통해서 많은 경험을 할 수 있었습니다. 무엇보다 큰 성과는 스스로 부족함이 많다고 생각되었던 전공 관련의 기술적인 부분들을 보완할 수 있었습니다. 또 컴퓨터 그래픽 회사에서 클립아트 제작 프로젝트에 참여하여 학교와 또 다른 사회생활을 피부로 느낄 수 있는 좋은 기회가 되었습니다. 이 프로젝트에 참여하게 된 것은 저에겐 특별한 일이었고 이 경험을 바탕으로 말미암아 이후에 '남성 콜렉션'이라는 인테리어 전문 회사에서 맥 편집 디자인 업무를 맡아 광고 카탈로그 편집 등의 업무를 진행하기도 했습니다. 이때의 큰 수확이라면 그리 긴 기간은 아니었지만 편집 디자인을 공부하는 좋은 계기가 되었으며 보다 실질적으로 사회에서 필요한 기술을 배울 수 있었습니다.

제가 경험하였던 2년의 휴학기간은 졸업을 하기 전 사회를 경험할 수 있었던 좋은 기간이었으며 이것을 발판으로 저에게 남아있던 2년의 대학생활도 최선을 다하여 임하게 되었습니다. 또 무엇보다도 학생이라는 울타리에 갇혀 자칫 매너리즘에 빠지기 쉬운 시간을 보다 알차게 활용할 수 있었습니다.

가치관 및 직업관

충분한 노력만이 자신의 가치를 표현할 수 있는 길이라는 생각을 가지고 있습니다. 따라서 저는 언제 어떤 자리에 있어도 늘 노력하며 더 많은 저 자신의 능력을 보여주는 것이 회사에 대한, 혹은 소속집단에 대한 최소한의 예의라고 생각합니다. 그밖에 직업을 선택하는 조건에도 경제적인 조건이 우선시 하기보다는 무엇보다도 얼마나 장래를 위해서 투자가치가 있으며 얼마나 제 능력을 많이 활용할 수 있는지를 고려해야 한다고 생각하는 바입니다. 따라서 저는 이런 생각을 기반으로 저의 직업관도 그저 경제적인 수단을 위한 것이기보다는 장래를 위해 시간을 투자해야 한다고 믿고 실천하고 있습니다.

지원동기

귀 회사의 디자인부에 지원을 결심하면서 제가 생각한 것이 있다면 때로는 당연히 발과 같은 역할도 거뜬히 해 낼 수 있는 디자이너가 되고 싶다는 것입니다. 많은 부분은 아니라 할지라도 어떤 것이든 할 수 있는 일이라면 망설임 없이 해내야 하는 것이 완전한 프로의 모습이라 생각합니다. 또 디자이너 업무가 일반 사무직이나 관리 부분과 달리 불규칙적인 경우가 많이 있기 때문에 투철한 직업정신이 없다면 성실하게 수행하기 어려운 분야라고 봅니다. 이러한 생각을 가지고 디자인부에 지원을 결심하게 되었습니다. 저에게 소중한 기회가 주어지기 바랍니다.

장래희망

외국의 경우 디자이너직이 꼭 연령의 제한이 있다거나 하지 않고 50대에서도 그 일을 수행하는 모습을 자주 접하였습니다. 그러한 모습을 보면서 저는 디자이너로 장기간 근무함과 동시에 효율적으로 업무를 수행 할 수 있도록 노력하겠습니다. 디자이너의 역할은 상사를 비롯한 조직 내의 다른 사람들과 업무의 협조가 원활할 수 있도록 인간관계를 원만하게 유지해야하는 일이라고 알고 있습니다. 자신이 알고 있는 것으로 끝내지 않고 그것을 실천하는 것이 더 중요하다고 믿습니다.

항상 빠르게 움직이고, 상사의 마음을 읽을 수 있되 너무 앞서가거나 너무 뒤지지 않는 최대한 적합한 직원이 될 수 있도록 최선을 다할 것입니다.

감사합니다.

② 항목 표시 없이 문단나누기로 대신하는 경우

자기소개서

건전한 재무구조로 외국 투자자들이 가장 선호하는 기업, 대학생들이 가장 일하고 싶어 하는 기업, 귀사는 설명이 필요 없는 우리나라 최고의 기업입니다. 조기출퇴근제, 현장근무제, 양 위주의 관행 척결, 불합리하고 불필요한 규정 철폐, 신인사제도의 추진 등 다른 회사와 차별화된 경영을 통해 국내는 물론 해외에서도 큰 호응을 받고 있는 귀사는, 명실공히 21세기 세계 초일류 기업이라고 생각합니다. 저는 앞선 기술과 최고의 서비스로 고객 만족을 위해 최선을 다하는 기업, 귀사의 일원이 되어 저의 모든 능력과 열정을 다해 일해 보고 싶습니다.

저는 그동안 철저한 자기관리와 시간 관리를 통해 저에게 맡겨진 일에 대해서는 한 치의 실수 없이 완벽하게 처리할 수 있도록 최선을 다해 왔으며 그 결과 '아무개' 하면 주위에서는 무슨 일이든 잘 하고 어떤 일이든지 믿고 맡길 수 있는 믿음직한 사람이라고 평해 주시곤 했습니다. 기업이 발전하기 위해서는 무엇보다도 인재 등용이 가장 중요하다고 생각합니다. 저는 실력과 인성을 두루 갖춘 귀사에 꼭 필요한 인재라고 자신 있게 말씀드릴 수 있습니다. 저에게 기회를 주신다면, 합리적이고 체계적인 사고와 강한 책임감과 추진력을 통해 저에게 주어진 일에 최선을 다할 것이며, 함께 근무하는 동료들에게 신뢰를 줄 수 있는 믿음직한 사원이 되겠습니다. 유창한 영어 실력과 업무 처리 능력을 지니고 있는 저는, 앞으로 실력으로 인정받을 수 있는, 초일류 기업에 어울리는 초일류 인재가 되도록 최선을 다하겠습니다. 감사합니다.

천하대학교 법학과에 수석 입학한 저는, 학과 공부는 물론 동아리 활동에도 최선을 다하며 즐겁고 보람된 대학생활을 보냈습니다. 법학과 형사법학회에 가입하여 활동한 저는, 형사법학회 회장으로서 동아리 회원들의 화합을 이끌어내며 체계적이고 합리적인 자세로 여러 가지 행사와 사업을 힘 있게 추진해 왔습니다. 또한, 저는 학교 홍보도우미로 발탁되어 교내외의 각종 홍보 활동은 물론 학교 홍보 자료 및 광고 촬영에 참여하기도 했습니다. 고등학교 재학 중 영어말하기대회에서 장려상을 수상한 바 있는 저는, 글로벌 시대에 걸맞은 인재가 되고자 캐나다로 어학연수를 다녀왔습니다. 어려서부터 영어에 대해 많은 관심과 소질이 있었기에 어학연수 기간 동안 별 어려움 없이 생활할 수 있었고, Canada College에서 TESL(Teaching English as a Second language) Diploma를 취득할 수 있었습니다. 또한, 6개월 동안 유럽으로 배낭여행을 다녀왔었는데, 저는 캐나다 어학연수와 배낭여행 기간 동안 영어 실력 향상은 물론 외국인 친구들과의 교류와 우정을 통해 국제적인 감각을 키울 수 있었고, 우리와는 전혀 다른 외국 문화를 보고 듣고 직접 체험하며 많은 것을 배우고 느낄 수 있었습니다.

공인중개사로서 원리원칙을 중요하게 생각하시는 아버지께서는, 아무리 힘들어도 한번 하고자 결심하신 일은 끝까지 소신을 갖고 이뤄내시는 강직한 성품을 지니고 계십니다. 언제나 바쁘신 중에도 장녀인 저에게만은 아낌없는 관심과 사랑을 주시는 아버지는, 세상에서 제가 가장 사랑하고 존경하는 분입니다. 어머니께서는 평생을 아버지와 저희 3남매를 위해 헌신하시며 화목하고 행복한 가정을 가꾸어 오신 알뜰한 분이십니다. 사회봉사 활동하시기를 좋아하시는 어머니께서는, 언제나 어려운 이웃에게 작은 도움이라도 드리기 위해 노력하시곤 합니다. 살아가면서 가장 중요한 것은 성실과 책임감이라고 늘 강조하시는 부모님의 가르침 덕분에 늘 자신에게 주어진 일에 최선을 다하며 살아온 저는, 사랑하는 부모님과 남동생들에게 자랑스러운 맏딸이자 누나가 되고 싶습니다

저는 묵묵히 저에게 주어진 일에 최선을 다하는 꼼꼼하고 차분한 성격을 지니고 있습니다. 한번 맡은 일에 대해서는 끝까지 이뤄내는 강한 책임감을 지니고 있는 저는, 합리적인 판단과 예지력을 통해 적극적으로 일을 추진해 나가는 편입니다. 조직 내에서 팀원들과의 협조와 융화를 중요하게 생각하는 저는, 대학 재학 중 동아리의 리더로 활동하면서 체계적인 조직 운영 능력과 융통성을 더욱 키울 수 있었습니다. 저는 특히 대인관계가 매우 좋은 편으로 혼자 있을 때보다 함께 있을 때 더욱 빛이 나는 사람이라는 평을 주위에서 듣곤 합니다. 저는 평소에 말보다는 행동으로 인정받는 사람이 되자는 마음가짐으로 제게 주어진 일에 최선을 다합니다. 말만 앞서고 행동이 뒤따르지 못하는 사람은 결코 타인에게 신뢰받을 수 없다는 것을 알기에 저는 언행일치를 통해 주위 친구들이나 동료들에게 인정받는 믿음직한 사람이 되고 싶습니다.

2) 자기소개서 작성할 때 주의할 점

① 자기소개서의 핵심은 자신이 지원하는 조직에 필요한 인재임을 강조하는 것이다

자기소개서는 자신이 지원하고자 하는 조직이나 부서에 적합한 인물임을 제대로 드러내는 것이 관건이다. 자신이 지원한 분야가 행정사무 분야라면 자기소개서에는 행정사무의 업무를 수행하는 데 필요한 능력인 꼼꼼함, 세심함, 책임감, 사무 업무에 필요한 능력 등을 갖추고 있다는 것이 강조되어야 한다.

② 두괄식으로 작성한다

자기소개서는 남들과 차별화되지 않으면 큰 의미가 없다. 따라서 본인만의 특성이라고 생각되는 사항은 문단의 맨 앞에 기술하여 두괄식의 형태가 되도록 한다.

③ 자기소개서는 수필이 아니라 인생 기획서다

자기소개서는 자신의 과거를 구구절절이 풀어 놓는 장이 아니다. 자기소개서가 한 편의 수필처럼 느껴진다면 그것은 잘못된 것이다. 자기소개서는 자신이 지원하고자 하는 조직에 적합한 인물임을 강조하는 인생 기획서의 성격을 가져야 한다. 자신이 살아 온 삶이나 여러 가지 경험들은 마치 조직이 원하는 사람으로 성장하기 위해 의도되기라도 했던 것처럼 기술되어야 한다.

④ 과거의 경험을 에피소드화 한다

경험은 자신만의 특별한 강점이 된다. 자기소개서에는 지원하는 조직과의 인연, 성장 배경, 학창 시절 등이 구체적으로 드러나야 하는 데, 이 때 '내가 과거에 무엇을 했느냐'가 아니라 '내가 그 때 어떻게 했다' 또는 '나는 그때 어떻게 느꼈다'식의 자기만의 특성이 드러나도록 에피소드가 소개되어야 한다. 각각의 에피소드들은 입사 지원 동기나 조직이 원하는 인간상과 연결될 수 있도록 세심하게 배열될 필요가 있다.

⑤ 포부와 향후 계획은 구체적일수록 좋다

포부와 향후 계획은 구체적이고 세밀해야 한다. 향후 계획은 5년 단위로 드러나거나 아니면 공적인 계획과 사적인 계획으로 구분되거나 단계화될수록 바람직하다.

⑥ 어법에 맞게 쓴다

자기소개서는 엄연한 글쓰기이다. 글쓰기에는 반드시 지켜져야 하는 올바른 어법이 있으며 글다운 논리가 절대적으로 필요하다. 특히 한 문장, 한 문장의 주어와 서술어의 호응관계가 올바른지의 여부는 무척 중요하다. 주어와 서술어의 호응관계가 제대로 되어 있지 못하면 문장의 의미가 올바르게 전달되지 못하기 때문이다. 글쓰기의 실수를 줄이기 위해서는 긴 문장보다 짧은 문장이 좋으며, 주어와 서술어가 복잡하게 얽혀드는 복문보다는 단문이나 중문 위주로 쓰는 것이 바람직하다. 또 문체는 담백하고 건조하되 글쓴이의 재치를 느낄 수 있으면 좋다. 지나치게 미사여구가 많거나 과장된 문체는 읽는 이의 눈살을 찌푸리게 한다. 사용하는 단어는 전문적인 느낌을 줄 필요가 있다. 그러나 쓸 데 없이 어려운 표현보다는 쉬운 용어를 사용하되 내용에 딱 들어맞는 표현을 찾아야 한다.

⑦ 존칭을 사용한다

자기소개서는 지원자가 인사담당자에게 자기를 소개하는 글이므로 인사담당자에 대해 예우하는 의미로 존칭을 사용해야 한다. 대개는 '~입니다'의 격식을 갖춘 문체로 예우를 표시한다.

⑧ 자기소개서의 항목을 개발한다

최근 들어 부쩍 창의적인 자기소개서나 개성 넘치는 자기소개서를 요구하는 경우가 많아졌다. 이때는 자기소개서에 일반적인 자기소개서에서 볼 수 없었던 새로운 항목을 개발하여 삽입하는 것이 좋다. 가령 지금까지 경험한 크고 작은 성공 사례라든가, 별명 소개, 위기 돌파 경험, 전문성을 키울 수 있었던 환경 등을 부각시키는 것이다.

⑨ 속담, 경구, 캐치프레이즈, 슬로건, 어록 등을 활용한다

자기소개서의 첫 부분이나 아니면 각 항목의 첫 부분마다 자신의 신념이나 가치관을 느낄 수 있게 하는 짧고 인상 깊은 구절을 넣는 것은 무척 효과적이다. 이때 자신이 개발한 자신만의 어록이 있다면 좋겠지만 그렇지 못할 경우에는 이미 널리 알려진 경구나 슬로건, 캐치프레이즈, 속담 등을 활용하는 것이 바람직하다.

No gain without no pains.

세상에는 노력 없이 얻을 수 있는 것이 아무 것도 없습니다. 노력하는 사람만이 진정한 삶의 기쁨을 느낄 수 있다고 믿는 저는, 어떠한 일이든지 제게 주어진 일에는 최선을 다하려고 노력합니다. 지나간 시간은 되돌릴 수 없기에 제게 주어진 일에 최대한 실수하지 않고 후회하지 않도록 최선을 다하고 있습니다. 가끔 친구들이 '성실과 체력 빼면 시체'라고 놀리기도 하지만, 항상 노력하는 제 모습에 뿌듯함을 느끼고 성공하기 위해서는 체력이 중요하다고 생각하는 저는, 이런 놀림이 싫지만은 않습니다. 사람들과 함께 어울리는 것을 좋아하는 저는, 재학시절 동아리나 동문회에서 총무를 맡는 등 활발한 활동을 했으며 지금도 많은 선후배와 좋은 관계를 유지하고 있습니다

🖋 자기소개서를 작성하기 위한 항목을 나열해 보세요.

✿ 자기소개서에 사용하고 싶은 경구나 캐치프레이즈를 나열해 보세요.

✿ 개성 넘치는 자기소개서를 작성해 보세요.

제13장
학술 글쓰기

1. 요약하기

1) 순수 문학이냐, 참여 문학이냐

(1) 순수 문학을 옹호하는 글

　　1-1. 경향문학(사회주의적 경향 또는 프로문학적 경향의 문학을 뜻함)에 반
대하는 상대적 개념으로서의 순수문학이란 말 역시 일본문단에서 1930년대
전반기에 온 것임에 틀림없겠으나, 사회주의 문학정신이 한걸음 앞서 와서 저
질적 해독만을 끼친 것과는 달리, 이 순수문학의 자각이 우리 신문학사에 크
고 좋은 기여를 한 것은 당시 이후를 겪은 우리 현존 문인들이 두루 찬성할
것이다.

　　사회주의적 경향에 문단예술의 자유가 유린되는 것을 꺼려서 나타난 순수
문학 혹은 순문학의 이름으로 표현된 이 주장은―주장이라 하기보다도 한 태
도 표시는―이런 개념으로서는 일본문단이 세계문학사에 있어 맨 처음으로

세운 것이다. 그러나 종전 일본에서 출판된 문학사전들을 보면 그 이름이 잘 안 보이는 걸 봐서도 알 수 있는 것처럼 일본에서는 그 한때의 일부의 태도 표시에 그쳤을 뿐 문학조류적인 움직임으로까지 결과되지는 못하였다.

그것이 우리나라에 그 말이 옮겨져서는 이 말의 본산지에 있어서의 사용 예와는 엄청난 차이를 빚어내게 된 것이다. 순수란 말은 이 나라 문단에서는 1930년대 중기로부터 해방 전 사뭇 통속문학과 경향문학—그것도 주로 정치적 경향문학 이외의 모든 문학조류를 총칭하는 말로서 쓰여져왔고 해방 후에 있어서도 그 말이 갖는 어의와 세력은 대차 없이 이어왔으니 말이다.

1930년대 중기로부터 오늘날에 이르기까지 그래도 문학역량이 있고 문학적 양심이 있는 문학인들은 늘 계속해서 이 순수란 말을 중심으로 하여 문학을 해오고 있다. 한국의 이런 순수주의는 세계문학사에 있어서도 특기할 만한 것이 아닐 수 없다.

(서정주)

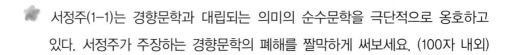 서정주(1-1)는 경향문학과 대립되는 의미의 순수문학을 극단적으로 옹호하고 있다. 서정주가 주장하는 경향문학의 폐해를 짤막하게 써보세요. (100자 내외)

1-2. 과연 '순수문학'과 '현실외면'은 등식으로 묶여질 수 있는 동의어인가. 적어도 내가 알기에 그것은 터무니없는 중상에 불과하다. '순수문학'을 체계화시킨 최초의 이론가가 김동리 씨라는 뜻에서 그의 말을 인용한다면 순수문학은 '반정치주의 문학'일 수는 있다. 그러나 오늘날 순수를 부정하는 대부분의 사람들이 자기 논리의 바탕에 무의식적으로 깔고 있는바 '비현실'의 문학은 아니다. (…) 김동리씨의 어떠한 글에도, 그리고 그 이후의 순수를 지지한 어떠한 사람도 '정치와의 절연'을 전제로 한 일은 없다고 나는 기억하고 있다. 그러나 17, 8년 후에 재론되는 순수가 뜻밖에도 정치와의 절연을 전제로 한 것처럼 변조되는 것은 놀라운 일이다.

(이형기)

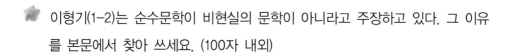 이형기(1-2)는 순수문학이 비현실의 문학이 아니라고 주장하고 있다. 그 이유를 본문에서 찾아 쓰세요. (100자 내외)

1-3. 문학은 문학 이외의 다른 무엇에 써먹는 것은 아니라는 생각이 날로 나의 마음속에서 신념화하여가는 것을 어찌할 수가 없다. 문학을 고상하다고 생각해서가 아니라 다른 무엇에 써질 값어치가 없다는 생각에서다.

정치적 효능에 있어서 베개만큼 두꺼운 장편소설이 수십 면의 얄팍한 선전 팸플릿만 할 수 없고, 실생활에 주는 도움은 분유나 모기약의 설명서에 미치지 못한다. 시 백 편의 선동성은 한마디 구호를 당하지 못한단 말이다.

작가는 오히려 문학이 그렇게 써먹어지지 않는다는 점을 기회 있을 때마다 주장하고 문학을 써먹으려고 드는 사람들에게 누누이 납득시킬 노력을 아끼지 말아야 할 것 같다. 그것이 문학의 자율성을 확립하고 부당한 간섭을 배제함으로써 문학창조에 있어 자유의 폭을 넓히는 길이 아닌가 한다. (…) 문학이란 극단적인 사견을 말하면 좋은 의미에서의 장난이다. 주제 발표에서 "의식적인 사회참여를 극단적으로 밀고 나가면 결국 프롤레타리아 혁명까지 가고야 만다"는 의견에 대해서는 반론도 나왔지만, 나는 비공산주의적 사회체제에 있어서라는 것과 사르트르를 추종할 때에라는 전제를 붙여서 그 의견에는 찬성이다.

(선우 휘)

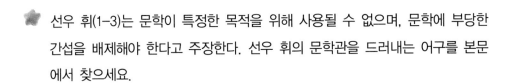 선우 휘(1-3)는 문학이 특정한 목적을 위해 사용될 수 없으며, 문학에 부당한 간섭을 배제해야 한다고 주장한다. 선우 휘의 문학관을 드러내는 어구를 본문에서 찾으세요.

(2) 참여문학을 옹호하는 글

2-1. 그러니까 인간을 다루기 위해서는 우선 오늘의 현실부터 다루지 않고서는 불가능하다는 얘기가 된다. 이것은 지극히도 상식적인 얘기로 되어 있다. 그리고 이것을 부정할 사람은 아무도 없는 것이다. 인간을 인간으로부터 가려놓고 인간의 자기 상실을 가져오게 하는 숱한 현실의 벽들을 어느 만큼이나 올바르게 침투하느냐에 따라서 인간에 대한 올바른 파악이 가능하게 된다는 것은 아무도 부정할 수 없는 얘기로 되어 있다. (…) 문제는 그뿐이 아니다. 우리가 현대의 시점에서 누구를 위한, 무엇을 위한 문학이냐 하는 가장 근본적인 문제로 되돌아갈 때에는 현실과 유리된 곳에서 문학한다는 것이 가능한 일인지 아닌지는 지극히도 명백하게 드러날 것으로 본다. 진실로 어떻게 살아가야 하는가 하는 인간의 가장 근원적인 문제 앞에 제시되는 일체의 것이 바로 '현실'이며, 이것이 또한 문학의 대상이 된다는 것을 잊어서는 안 될 것이다.

(홍사중)

홍사중(2-1)의 글에서 가장 핵심적인 단어 한 개를 고르고 홍사중의 주장을 요약해서 써보세요.

2-2. 그러므로 영원한 평화와 행복을 추구하려는 인류의 현실적인 고민, 그런 공동과제를 해결하려는 진실한 노력, 이런 것을 외면하여 오직 비단 옷만 걸치고 나와서 아양을 떠는 '순수'가 인간 정신의 내부에까지 깊이 파고들며 감동을 준다는 것은 생각할 수도 없는 일이다. (…) 한국의 "순수"가 이처럼 타락한 정신의 소산이라는 것은 우리의 문학사를 다시 더듬어보면 더욱 분명해질 것이다. 일제시대에 일본 경찰의 압력을 피해서 무사히 명철보신하던 유일한 문학이 이 '순수'였음을 보면 알 것이다. 민중이 처절한 신음소리를 내어도 귀를 막고 음풍영월만 즐기며 '창파에 조히 씻은 몸' 행여나 더럽힐세라 처신해 온 기피자의 문학이 곧 그 '순수'가 아니더냐?

그러므로 '순수' 문학이 그처럼 독점하려는 예술성을, 그 예술의 위대성을 살피려면, 현실을 기피할 것이 아니라 먼저 그 '까마귀 싸우는 골에' 뛰어들어 몸을 더럽힐 줄 알아야 한다. '일하는 손'은 언제나 '더러운 손'이라는 진리를 그대들은 알지 못하는가?

(김우창)

김우창(2-2)이 비판하는 순수문학론자들의 문학관을 잘 드러내는 단어 한 개를 고르고 김우창의 주장을 요약해 보세요.

2-3. 물고기가 바다 속에서 살 듯 인간은 사회 속에서 살고 있는 것이다. 정신은 이 사회의 발전과정에서 자각을 하고 향상을 하면서 원리를 터득하는 것이다. 이를 가리켜 사회성 위주라든가 편향이라고 규정할 수 없으며, 사회 속에서 문학을 한다 해서 사회에 의존하여 주체성 없는 시녀라고 탓할 수 없는 것이다. (⋯) 그리고 문학의 정치적 도구화를 지적하여 참여문학이 마치 그

런 것처럼 비판한다는 것은 당치도 않은 기우에 불과하다. '참여문학' '참여문학' 하지만 김현승 시인의 말대로 문학이 문학을 버리고 남을 돕기 위해 어느 집단에 예속되어 들어가는 것이 아니다.

문학이 사회를 의식하면서 불의에 짓밟힌 사회를 바로잡기 위한 대중들의 역사적인 자각과 호흡을 함께하고 대중과 더불어 행동을 같이 하면서 새롭고 바른 '삶의 원리'를 창조하려는 것이지, 결코 어느 정치적 집단의 도구가 되기 위해 문학을 짊어지고 들어가는 것이 아니다. 문학의 사회참여는 사회의 한 요원으로서 자체의 바른 길을 확립하고 다른 장르와 더불어 각기 지닌 주체와 주체끼리 사회라는 공동의 광장에 모여 바르고 새로운 삶을 창조하기 위한 역사적인 행위인 것이며 '삶의 원리'와 '정신의 자각'을 참되게 이루려는 문학의 사회적 작업인 것이다.

(최일수)

최일수 (2-3)의 참여문학론을 짧게 요약하세요. (100자 내외)

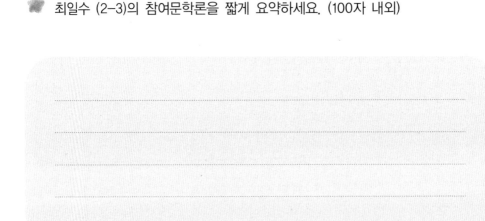

💮 윗 글들을 참고하고, 다음 글에 기대어 자신의 문학을 바라보는 입장을 써보세요.

> 브레히트는 현대의 비인간화에 대항하여 인간을 '완전'하며 '조화롭고' 통합된 인격체로 처리하는 것은 단순한 탁상공론일 뿐이라고 주장한다. 모순을 조화롭게 구조화해서 화해시키는 것은 특히 관객들의 카타르시스적 성취감을 용이하게 해 줌으로써 정치 행위를 불필요한 것으로 만든다. 브레히트는 관객들에게 극장 밖에서 행동하기를 희망했다. 예술은 열려져 있어 관객에 의해 완성되어야 할 것이지, 작가가 모순을 화해하려 시도함으로써 닫혀서는 안 된다.

2. 제목 달기

1) 다음 글들에 제목을 달고, 밑줄 친 곳에는 알맞은 문장을 써 넣으시오.

①의 제목:

  ① 현대 의학의 수준으로는 몇 퍼센트밖에 해명되지 않은 어떤 난치병일지라도 의사는 눈앞에서 고통 받는 환자에게 무엇인가 처방을 내려야만 하는 것처럼, 쉽게 해결할 수 없는 어떤 문제에 대해서도 어느 순간에는 결단을 내리지 않으면 안 된다. 그리고 한 단계 뛰어넘어 앞으로 나가는 비약을 해야 한다. 불연속적인 것을 연속적인 것으로 유도하는 두뇌의 관용성은 비약하는 것을 비약이 아닌 것같이 생각할 수 있게 한다. 따라서 사람은 비약할 수 있다. 이것은 컴퓨터나 로봇에게는 없는 인간만이 가진 능력이다.

  결단할 수 있는 힘, 어느 순간에 '앗!' 하고 비약할 수 있는 힘, 이러한 지혜의 힘은 인생과는 직접 관계가 없어 보이는, 공부하는 가운데서 키워지는 것이다. 지혜에는 내가 말한 것 이외에도 몇 가지 측면이 더 있을 것이다. 어쨌든 "왜 배워야 하는가?"라는 질문에 대해서 나는 "_____."라고 대답할 수밖에 없다.

②의 제목:

  ② 사람은 어떤 길을 가든지 때때로 상쾌감과 만족감을 맛보는 일이 필요하다. 늘 고통과 좌절을 겪는다면 계속 그 길을 가기가 어려울 것이다. 그러

면 이 상쾌함과 만족감은 어디에서 생길까? 작은 일이라도 그 일에 성공하는 데서 생긴다. 작으나마 그 일에서 성공을 거두고, 그것으로 인해 만족감을 느끼고 이런 체험이 쌓이면서 비로소 그 길이 자신의 길로 여겨지며 계속 걸을 수 있게 된다고 생각한다. 그런데 이와 같이 한 가지 일에 성공하기 위해서는 노력하는 힘과 끈기가 필요하다.

나는 원래 노력형은 아니었다. 학교 성적이 나쁜 편은 아니었지만 기복이 심한 편이었다. 할 때는 남보다 배나 더 하지만 안할 때는 전혀 안 하기도 했다. 그 때문인지 몰라도 초등학교 때는 한 번도 일등을 하지 못했다. 집중적으로 일을 하는 태도가 예술가에게는 좋은 방법이 될는지 몰라도 학자에게는 대단한 재능이 없는 한 적합한 방법이 아니다. 내가 그러한 기복 있는 학습 방법을 그대로 해 왔다면 학자로서는 성공하지 못했을 것이다. 시간이 얼마나 걸리는가 하는 것보다는 끝까지 해내는 것이 더 중요하다는 게 나의 신조이다. 이러한 신조가 몸에 배어서인지 나는 한 가지 문제를 택하면 처음부터 남보다 두세 배의 시간을 들일 각오로 시작한다.

③의 제목:

③ 심리학자는 질투는 인간 특유의 감정이며, 모든 사람에게 존재한다고 말한다. 실제로 학문의 세계에서뿐만 아니라 일상생활에서도 우리는 자칫 선망의 마음을 넘어서 남을 질투하는 경향이 있다. 전문가가 아니기 때문에 나는 그 이상한 감정에 대하여 더 이상 설명하지 못하지만, 어쨌든 질투는 무언가를 창조하려고 하는 사람에게는 정말 좋지 않은 감정이라고 단언해 두고 싶다. 그러면 어떻게 하면 좋은가? 여기서 체념하는 것이 필요해진다.

이 세상에는 상대가 되지 않을 정도로 우수한 사람들이 수두룩하다. 하버드 대학 시절의 멈퍼드와 아틴이 그랬다. 그런 우수한 사람들을 일일이 질투하는 것은 아무런 도움도 안 된다. 문제를 푸는 데 있어서 그러한 영재들에게 얻어맞거나, 그들이 나와는 상대가 안 될 정도의 재능을 보였을 때 나는 체념하곤 했다. 체념한다고 해서 모두를 포기하는 것은 아니다. 자기의 목표를 확실히 잡으면서 포기하는 것이다. 그렇게 하면 질투심이 안 생긴다. 그리고 남을 질투하는 마음이 없으면 자기의 정신 에너지가 조금도 소모되는 일이 없고 판단력도 둔해지지 않는다. 결국 그것이 창조로 이어져 갈 것이라고 나는 생각한다.

2. 다음의 예들을 참조해서 '학문의 즐거움'에 대하여 써보세요.

예1) 내 안의 무수히 잠들어 있는 재능을 깨워보자.

(인터넷 교보문고 dani0349)

어릴 적 기억을 더듬어 보면, 궁금한 것이 유난히도 많아 어른들을 여간 귀찮게 한 게 아니었다. 지금은 초등학교 1학년인 아들이 이것저것 묻고 싶은 게 그리도 많은가 보다. 어린 시절에 어머니께서는 항상 일관된 답만 해주셨다. "열심히 공부하면 많은 것을 배울 수 있단다."하고 말이다. 지금의 나는 어머니의 시대보다 더 많이 배웠음에도 불구하고 아이에게 친절히 가르쳐 주지 못하고 "책을 많이 읽으면 많은 것을 배우고 알 수 있단다."하고 대답해준다.

자신의 내면에 있는 무궁무진한 가능성을 꺼내는 것 또한 학문을 통해서 가능하다. 이전의 1인 1색의 시대는 이미 오래된 이야기. 이젠 1인 10색의 재능을 갖고 살아가는 시대이다. 아니 사람에 따라 더 많은 능력을 갖고 있겠지. 배움을 통해 내가 모르고 있었던 나의 잠자고 있는 재능을 깨워보자.

예2) 부단한 노력으로도 천재가 될 수 있음을 보여주는 예

(인터넷 교보문고 banquet)

평범한 저자가 수학계의 노벨상, 필즈상을 받기까지, 그렇게 되기까지 자신이 살아온 삶을 돌아보며 담담하게 자신의 학문-수학에 대한 고집과 열정-을 중심으로 인생관을 그려 놓은 책. 일반적으로 재미없고 어렵다고만 생각하는 '수학'이라는 분야에서 어떻게 "학문의 즐거움"이라는 책을 쓸 수 있을까라는 의문이 든다면 꼭 읽어 보시길! 소박한 일본 수학자의 공부에 대한 열정, 인생에 대한 열정, 꿈과 희망을 향한 노력과 포기하지 않는 끈기의 위대함을 만나게 된다. 책을 읽다보면 진정 공부하는 즐거움이 무엇인지, 즐겁게 공부할 수 있는 법은 무엇인지 자연스럽게 알 수 있다. 공부에 취미가 좀 있고 자신의 미래에 대해 고민하는 중고등학생들이라면 읽어도 좋을 책이다. 정작 나는 학부 1학년 땐가 이 책을 처음 읽었는데.

예3) 평범한 저자의 일관된 삶과 그 결실 ilkeon (인터넷 서점 알라딘)

시작부터 끝까지 수학이라는 학문을 떠나서는 얘기할 수 있는 것이 아무 것도 없다. 한 사람의 인생이 너무 외곬스럽게 느껴지기도 하지만 난 그의 삶이 부러울 따름이다. 이 한 생을 살면서 한 가지에만 몰두하는 것이 억울하기도 하지만 대다수의 사람들이 이 한가지마저 마음대로 이루지 못하는 사례가 많은 탓에. 학문의 성취도 대단하거니와 학문을 대하는 그의 일관된 자세가 시사하는 바가 크다. 물론 그 성취의 밑거름이겠지만.

어느 것 하나 특별할 것은 없다. 애초부터 재능이라는 것은 없었고, 성장하며 우연히 수학이라는 학문에 관심을 갖게 되었고, 관심과 더불어 노력을 곁들였으며, 그 노력이 시들지 않고 열매 맺도록 끈기 있게 매달렸다는 것 뿐, 그 과실로 얻은 상과 명성들 그리고 내 앞에 놓인 이 책. 저자가 들려주는 마지막 단어, '끈기', 너무 통속적이고 익숙해서 웃어야 할까? 매년 결심만 있고 끝이 없는 나 자신을 바라보며 울어야 할까?

3. 리포트 쓰기

리포트는 조사나 연구, 실험 따위의 결과에 관한 글이나 문서를 말한다. 리포트는 대개 학생이 교수에게 제출하는 소논문의 형식을 띠며 '보고서'라고 달리 부르기도 한다. 리포트의 종류로는 연구 리포트, 실험 결과 리포트, 조사 결과 리포트, 견학 결과 리포트, 체험 결과 리포트 등이 있다.

리포트의 목적은 첫째, 정확한 정보를 수집하여 정리하고, 둘째, 관련 지식에 대한 명확한 이해를 도모하며 셋째, 비판적인 관찰을 시도하는 데 있다.

학생들에게 리포트를 부과하여 얻어지는 효과는 첫째, 문제 해결 능력을 습득할 수 있고, 둘째, 지식을 체계화시키거나 조직화시킬 수 있는 역량을 키우며 셋째, 지적 작업의 형태에 대한 인지를 강화시킬 수 있다.

자료를 수집할 때는 자료 내용을 정확하게 이해하고 비판적으로 바라볼 수 있어야 한다. 그러기 위해서는 자료에 대한 비판적 독서, 분석적 독서가 행해져야 한다. 이어 자료를 정리할 때는 정리할 내용을, 노트, 독서카드, EXCEL, ACCESS, Endnote, Scholar's Aid를 이용하여 키워드, 글쓴이, 제목, 발표 연도, 출판사, 출판지, 인용문, 인용 쪽수 등을 명기해서 검색이 용이하도록 체계화시켜 놓는다.

리포트 작성은 가장 먼저 주제를 선정하는 데서부터 시작된다. 주제를 선정한 다음에는 관련 자료를 수집하고 정리하는 작업이 이루어진다. 자료의 정리가 끝난 후에는 개요를 작성하고 그에 맞춰 집필을 한 후 다듬는 작업으로 마무리된다.

리포트의 주제가 될 수 있으려면 먼저 독창적이어야 한다. 그런데 독창적이기만 하면 의미가 없다. 주제가 되려면 해결가능해야 하며 학술적으로도 가치가 있어야 독창성이 빛을 발할 수 있다.

1) 자료 수집 방법

① 인터넷을 통한 자료 수집

인터넷을 통하면 빠른 시간 내에 많은 자료를 수집할 수 있는 장점이 있다. 검색어만 치면 관련 정보가 엄청나게 쏟아지기 때문이다. 그런데 인터넷은 쓰레기 정보의 바다이기도 하다. 따라서 인터넷만 활용한다면 잘못된 정보를 수집할 위험도 그만큼 크다.

② 도서관을 통한 자료 수집

도서관에서는 소장된 문헌 자료뿐만 아니라 국내외 웹 DB를 통해 네트워크화 된 문헌 자료까지 수집할 수 있다. 도서관 소장 자료는 단행본, 학사, 석사, 박사 등의 학위논문, 신문, 잡지 등의 연속간행물, 전문 학술지, CD, Tape 등 비도서자료 등이 있다. 도서관 전자 자료로는 전자저널, 국내외 학술 DB, e-books, e-learning 컨텐츠, 외부학술정보원 등이 있다.

국내 전자저널 중 가장 많이 활용 되고 있는 것은 KISS(한국학술정보), DBPIA(누리미디어), e-article(학술교육원) 등이다. 해외 전자저널에는 ACS(화학), ASCE(토목공학), Blackwell(전학문분야), CUP(+CABI)(전학문분야), Emerald(전학문분야), IEL(전기, 전자, 컴퓨터공학), OUP(전학문분야), PAO(인문사회과학), Sage(전학문분야), Science Direct(전학문분야), Springer(전학문분야), Wiley(전학문분야) 등이 있다.

외부학술정보원으로는 RISS4U(KERIS 학술 연구정보 서비스), NDSL(국가 과학기술 전자도서관), 국회도서관, 국립중앙도서관, Yeskisti(과학기술정보 포털서비스), 학위논문 원문 공동이용 협의회 등이 있다.

2) 리포트 작성할 때 주의할 점

① 객관적인 근거에 의해 뒷받침되어야 한다

리포트를 작성할 때는 객관적인 근거가 그 무엇보다 중요하다. 따라서 리포트는 사전, 개론서, 저서, 논문, 역사적 사료 등 문헌 자료나 질문지, 인터뷰, 통계 결과, 실험 기록지, 관찰 기록지 등의 연구 자료가 뒷받침되어야 한다. 그 증거로 리포트는 각주나 참고 자료를 통해 뒷받침 자료를 명시하도록 규범화되어 있다.

② 정확한 사실에 근거해야 한다

리포트는 연구 목적, 연구 대상, 연구 범위, 연구 방법, 분석 도구 등이 사전에 제시되고 각각에 알맞은 내용으로 채워진다. 논문에서는 각각에 대한 상세하고도 치밀한 설명이 요구되지만 리포트에서는 사전 설명이 최소한으로 간략화되거나 아예 생략되는 경우가 많다. 비록 이상의 항목에 대한 사전 설명이 생략된다하더라도 리포트의 내용은 반드시 분명한 기준과 방법론에 의해 작성되어야 한다.

③ 주제에 맞아야 한다

주제는 연구의 범위를 한정하고 전문성을 강화하는 의미를 갖는다. 주제가 확정되어야 주제에 맞는 자료가 수집될 수 있으며 그에 걸맞은 분석과 해석이 가능하다. 주제는 리포트의 형식을 결정하는 데에도 큰 영향을 미친다.

④ 결론이 분명해야 한다

리포트에는 작성자의 의견이 분명하게 드러나야 한다. 논쟁거리에 대해서는 찬성인지, 반대인지의 입장이 뚜렷해야 하고 실험에 대해서는 예상대로인지, 뜻밖의 결과인지가 밝혀져야 한다. 견학이나 현장 답사의 경우에는 기대효과가 맞아떨어졌는지가 관건이다.

⑤ 내용이 명료해야 한다

리포트에는 명료한 내용이 담겨야 한다. 그러기 위해서는 연구 과정에 대한 상세한 기술과 연구 결과에 대한 자세한 분석이 선행되어야 한다. 리포트의 명료함을 확보하기 위해서는 사실과 의견을 구분하고, 주장과 논거를 구별하는 것이다. 뿐만 아니라 명료성을 흐리게 하는 비유적 표현이나 감정적 기술은 최대한 피하는 것이 좋다.

⑥ 인용은 짧을수록 좋다

인용이란 다른 사람의 글을 이용하여 자신의 글을 전개하는 방법을 말한다. 인용에는 원문을 그대로 인용하는 직접 인용과 인용자의 말로 인용하는 간접 인용이 있다.

직접 인용을 사용할 때는 절대적인 중요성을 강조하는 효과를 가져 온다. 3행 이하의 원문을 인용할 때는 온따옴표로 인용 부분을 표시하지만 3행 이상의 원문을 인용할 때는 별개의 문단으로 만드는 것이 일반적이다. 문단을 달리 할 때는 본문과 인용문의 차별을 두기 위해 글자 모양이나 글자 크기, 줄간격 등을 본문과 다르게 구성한다.

간접 인용을 할 때는 인용자의 말로 인용하되, 직접 인용과 동일한 결과에 이르러야 한다. 이 때 각별히 명심해야 할 점은 반드시 각주를 통해 출처를 밝혀야 한다는 것이다.

3) 리포트의 형식

리포트의 일반적인 형식은 다음과 같은 체제와 순서로 되어 있다.

1. 리포트 표지
2. 연구 목적
3. 연구 대상
4. 연구 방법
5. 분석 도구
6. 연구 내용
7. 연구 결과
8. 결과 분석
9. 기대 효과
10. 참고 문헌

4) 각주와 참고 문헌

각주에는 외각주와 내각주가 있다. 외각주는 본문의 흐름을 방해하지 않기 위해 본문의 아래쪽이나 맨 뒤에 보충 설명을 달거나 출전을 명시하는 형태이다.

안확의 우리말과 글에 대한 관심은 일본 유학을 떠나기 전에 상당한 수준에 이르러 있었음이 알려져 있다.1)
_____
1) 이러한 점은 이기문(1988)에 자세히 지적되어 있다. 이기문(1970), 『개화기의 국 문연구』, 서울: 일조각.

한편 내각주는 본문 내에 간단한 출전을 명시하는 형태이다. 이때는 괄호 속에 저자와 출판연도만 표시한다. 자세한 출전 사항은 본문의 맨 뒤에 따로 <참고 문 헌>난을 두어 상세히 밝힌다.

안확의 우리말과 글에 대한 관심은 일본 유학을 떠나기 전에 상당한 수준에 이르러 있었음(이기문:1988)이 알려져 있다.

───────────────────

〈참고 문헌〉
이기문(1970), 『개화기의 국문연구』, 서울: 일조각.

참고 문헌 작성 요령은 다음과 같다.

참고 문헌

김이선 외(2007), "다민족·다문화 사회로의 이행을 위한 정책 패러다임 구축(I)」,
　　　서울: 한국여성정책연구원.
김현미(2005), 『글로벌 시대의 문화번역』, 서울: 또 하나의 문화.
박노자(2001), 『당신들의 대한민국』, 서울: 한겨레신문사.
　　　(2006), 『당신들의 대한민국 2』, 서울: 한겨레출판.
오경석 외(2005), 『한국에서의 다문화주의』, 서울: 한울.
이란주(2008), "외국인 이주 노동자를 위한 평생교육의 방향", 제2회 평생교육 실천
　　　릴레이 포럼, "다문화 공생사회를 위한 평생학습", 자료집. 123–128.
이재분(2008), "다문화가정 자녀 교육실태 연구", 서울: 한국교육개발원.
양계민·정진경(2008), "사회통합을 위한 청소년 다문화교육 활성화 방안연구", 다
　　　문화정책학회, 『다문화논총』, 제10호, 서울: 한국 청소년 정책연구원.
장미영 외(2009), 『다문화 콘서트』, 전주: 신아출판사.

① 인용된 저서를 명기할 때는 저자를 맨 앞에 내놓고 성+이름 순으로 기입한다.
② 저자는 자모순 또는 알파벳순으로 배열한다.

③ 같은 저자의 저서가 여러 권 명기될 때는 연도별로 배열한다.

④ 연도가 같은 저서들은 a, b 등으로 구별하여 배열한다.

⑤ 단행본과 논문은 구별하여 표시한다. 일반적으로 단행본은 『 』표시를 사용하며 논문은 " " 표시를 사용한다.

⑥ 논문 표시는 다음과 같이 한다.

필자(연도), "논문 제목", 논문집(학회지)명, 권·호수, 학회명.

⑦ 단행본 표시는 다음과 같이 한다.

필자(연도), 책 제목, 출판지: 출판사.

메모

제14장

예술 글쓰기

예술적 글쓰기는 여러 가지 형태의 글쓰기 중에서도 가장 자연스러운 표현형식으로서의 글쓰기를 말한다. 예술적 글쓰기는 묘사의 깊이와 독창성, 그리고 표현 능력을 극대화시켜, 읽는 이로 하여금 강력한 감정적 효과를 불러일으키게 한다. 더불어 글쓰는 이로부터는 여러 글쓰기의 가능성을 재발견하게 해주는 효과가 있다.

1. 시

1. 들장미

한 소년이 장미 한 송이를 보았네,
들에 핀 어린 장미,
여리고 싱싱하고 어여쁜.
소년은 어린 장미에게 달려가,

기쁨에 겨운 듯 보았네.
장미, 장미, 빨간 장미,
들에 핀 어린 장미.

소년이 말했네, 너를 꺾을 거야!
들에 핀 어린 장미!
들장미가 말했네, 너를 찌를 거야!
영원히 나를 생각하게 할 거야!
부러지는 건 싫어!
장미, 장미, 빨간 장미,
들에 핀 어린 장미.

장난꾸러기 소년이 꺾었네,
들에 핀 어린 장미.
장미는 반항하며 찔렀네,
비명도 소용없고,
참을 수밖에 없었네.
장미, 장미, 빨간 장미,
들에 핀 어린 장미.

2. 오랑캐꽃

초원에 한 송이 오랑캐꽃 서 있었네,
고개 숙이고 아무도 모르게.
사랑스러운 오랑캐꽃.
그때 양치기 아가씨가
사뿐사뿐 경쾌하게 걸어왔네.
그쪽으로, 그쪽으로,
초원으로 와서 노래했네.

오랑캐꽃은 생각했지, 아, 내가
이 세상에서 가장 아름다운 꽃이었으면!
아, 잠깐 동안만이라도,
사랑하는 이 나를 꺾어
그이 가슴에 안겨 시들 때까지만이라도!
그저, 그저,
15분만이라도!

아! 소녀는 왔지만
오랑캐꽃에는 관심도 없어,
가엾은 오랑캐꽃을 짓밟았네.
오랑캐꽃은 노래하며 죽어갔지만 기뻐했지.
나는 죽네, 나는 죽네,
소녀 덕분에, 소녀 덕분에
그녀의 발밑에서.

3. 발견

나는 그렇게 혼자서
숲 속을 걷고 있었지,
아무것도 찾지 않을
생각이었지.

그늘진 곳에서
조그만 꽃 한 송이를 발견했지,
별처럼 반짝이고,
눈동자처럼 아름다운.

내가 꽃을   으려 하자

가냘픈 목소리가 말했지.
나를 꺾어
시들게 하시렵니까?

나는 꽃을 뿌리째
뽑아,
정원의
예쁜 집에 옮겨 놓았지.

꽃은 조용한 곳에서
다시 자라,
점점 더 번성하고
계속해서 꽃을 피워 냈지.

〈작품 소개〉

① '들장미'(1770/71), '오랑캐꽃'(1775), '발견'(1813)은 모두 꽃이 시의 소재다. 하지만 주제는 다르다. 아무도 관심을 가져 주지 않는 오랑캐꽃은 죽더라도 좋으니 누군가 관심을 가져주길 바라지만, 나머지 두 시에서의 꽃은 자연 그대로의 아름다운 모습으로 살고 싶어 한다. '들장미'의 소년은 결국 들장미를 꺾고 말지만, '발견'에서 시의 화자는 산길에서 본 꽃을 뿌리째 옮겨 와 정원에 심어 살린다.

〈작가 소개〉

괴테

괴테는 시인이었을 뿐만 아니라 학자 및 과학자였고 또한 정치가였다. 시인으로서 그는 서정시, 희곡, 소설, 자서전, 기행문, 서간집 등 모든 장르에 통달했

고, 동시에 스케치 화가, 배우, 무대 연출가였으며, 정치가로서도 공국의 요직을 두루 거쳤다. 그는 이같은 다양한 활동 및 경험을 작품화했고, 또한 중년 이후에는 자신이 산 거의 모든 순간들을 편지와 일기, 메모, 대화 속에 담아 후세에 담겼다. 이런 의미에서 괴테는 '포괄성' 및 '다양성'의 개념으로 특징지을 수 있다. 괴테의 문학 및 사상, 그의 삶과 인품 역시 '포괄적'이기 때문에 여러 관점에서 보아야 하고 또한 여러 관점에서 연구될 수 있다.

산유화

산(山)에는 꽃피네
꽃이 피네
갈 봄 여름 없이
꽃이 피네

산(山)에
산(山)에
피는 꽃은
저만치 혼자서 피어 있네

산(山)에서 우는 적은 새요
꽃이 좋아
산(山)에서
사노라네

산(山)에는 꽃 지네

꽃이 지네
갈 봄 여름 없이
꽃이 지네

〈작가 소개〉

김소월

본명은 김정식(金廷湜)이지만, 호인 소월로 더 널리 알려져 있다. 1902년에 평안북도 구성군에서 태어났다. 서구 문학이 범람하던 시대에 민족 고유의 정서에 기반을 둔 시를 쓴 민족 시인으로 잘 알려져 있다. 남산보통학교를 졸업하고 1915년 오산학교에서 조만식과 평생 문학의 스승이 될 김억을 만났다. 김억의 격려를 받아 1920년 동인지 《창조》 5호에 처음으로 시를 발표했다. 오산학교를 다니는 동안 김소월은 왕성한 작품 활동을 했으며, 1925년에는 생전에 낸 유일한 시집인 《진달래꽃》을 발간했다. 초기에는 민요조의 여성적이고 서정적인 목소리의 시작활동을 하였으나 후기작에서는 민족적 현실의 각성을 통해 남성적이며 참여적인 목소리를 냈다.

꽃

내가 그의 이름을 불러주기 전에는

그는 다만
하나의 몸짓에 지나지 않았다.

내가 그의 이름을 불러 주었을 때
그는 나에게로 와서
꽃이 되었다.

내가 그의 이름을 불러 준 것처럼
나의 이 빛깔과 향기에 알맞는
누가 나의 이름을 불러 다오
그에게로 가서 나도
그의 꽃이 되고 싶다.

우리들은 모두
무엇이 되고 싶다.
나는 너에게 너는 나에게
잊혀지지 않는 하나의 눈짓이 되고 싶다.

〈작품 소개〉

이름이란 누군가가 사물과 관계를 맺으면서 그것을 다른 것들로부터 구별하고자 해서 붙이는 것이다. 이렇게 이름을 붙임으로 해서 사물과 거기에 이름을 붙인 사람사이에는 어떤 관계가 생기고, 그 관계가 곧 그들 사이의 '의미'가 된다. 따라서 아직 이름이 붙어지지 않은 사물은 이름이 없는 동시에 어떤 다른 존재(사람)에게 아직 의미가 없다고 말할 수 있다. 그것은 단지 그 자체로 존재하는 사물에 지나지 않는다. 시인은 틀에 박힌 관습적 관계를 넘어서 사물과 사람 사이, 사람과 사물 사이에 맺어져야 할 진정한 의미 등에 대한 소망을 노래한다.

김춘수

1922년 경남 통영에서 태어났다. 통영보통학교를 졸업하고 경기중학에 입학했으나 중퇴하고 일본 동경의 예술대학 창작과에 입학했다. 1942년 일본 천황과 총독 정치를 비방했다는 혐의로 퇴학당하고 6개월간 유치되었다가 서울로 송치되었다. 통영중학과 마산 중·고교 교사를 거쳐 해인대학과 경북대, 영남대교수를 지냈으며, 국회의원을 역임했다. 시작 활동으로는 '통영문화협회'를 결성하면서 문화 계몽 운동을 하는 한편 본격적인 시 창작을 시작하였으며, 초기에는 유치환, 서정주, 청록파 등의 시에 영향을 받았으며 30세가 넘어 비로소 자신의 시를 쓰게 된다.

위 시들의 핵심 이미지는 '꽃'입니다. 꽃에서 연상되는 단어들을 써보세요.

위 5편의 시에 들어 있는 이미지(심상心象)들을 모두 찾아 써보세요.

자작시를 써보세요.

2. 희곡

게오르크 뷔히너의 「보이체크」

20세기 초에 등장한 독일 표현주의 희곡의 선구자이다. 1830년 파리 봉기의 영향을 받아 시작된 혁명운동에 뛰어들어 1834년 경제·정치의 혁명을 촉구하는 소책자를 발간했으며, 급진단체를 조직하기도 했다. 경찰의 추적을 피해 취리히로 도피한다. 그곳에서 물고기의 신경조직에 관한 연구를 시작하여 취리히 대학에 박사 학위 논문을 제출한다.

3편의 희곡('당통의 죽음'(1835), '레옹세와 레나'(1836), '보이체크'(1836))은 그 문체가 셰익스피어와 독일 낭만주의의 질풍노도운동으로부터 영향을 받았음을 분명하게 나타내고 있다. 내용과 형식은 시대를 훨씬 앞서 있으며, 짧은 장면들과 갑작스런 장면전환은 극단적인 자연주의와 상상력을 결합시킨 것이었다. 미완성에 그친 마지막 작품 '보이체크'는 가난하고 억압받는 자들에 대한 동정심을 나타냄으로써 1890년대에 등장하게 될 사회극의 시작을 알리는 것이었다.

<보이체크>

가난한 병사 보이체크는 주위로부터 버림받은 인간이다. 가난 탓에 그는 정식 결혼을 하지 못하고 마리와 두 사람 사이에서 태어난 아이와 함께 살고 있다. 보이체크는 대위의 기분에 따라 희로애락이 좌우되는 비참한 삶을 살고 있다. 심지어 그는 돈을 벌기 위해 의사의 임상 실험 대상이 된다. 그는 부도덕하고 무력한 인간으로 각인되어 있다. 그의 유일한 삶의 의미는 마리이다. 그런

마리가 장교와 불륜을 저지르자 보이체크는 그녀를 살해한다.

　1824년 라이프치히에서 보이체크라는 청년이 애인을 살해한 죄로 법정에 섰다. 이 청년이 과연 살해 행위에 대해 법적 책임을 질만한 온전한 정신 상태였는지에 대해 논란이 있었다. 착란 상태에서 저지른 살인을 똑같이 벌할 수는 없기 때문이다. 결국 살인을 저질렀을 때 보이체크의 정신상태가 정상에 가까웠다는 결론이었고, 보이체크는 처형당했다. 뷔히너는 가난한 사람들의 비극적 운명의 원인을 폭력적인 사회구조에서 찾았다.

〈작품 1〉

장면 1

[방안]
마리와 고수장

고수장 : 마리!

마리 : (그를 쳐다보며 감정 담긴 목소리로) 앞으로 한번 걸어가 봐요 딱 벌어진 가슴이 마치 황소 같네. 수염은 사자 같고 이렇게 건장한 남자는 아마 없을 거예요 세상 모든 여자들 앞에서 난 자랑을 해도 되겠는 걸요

고수장 : 일요일에 내가 모자에 커다란 깃털을 달고 흰 장갑을 끼고 나타나 봐, 흥, 마리, 왕자님께서 뭐라고 하시는 줄 알아? 이 사람, 자네 정말 멋진 사내로군, 하신단 말이야.

마리 : (　①　) 아 그래요! (그 앞으로 다가선다) 사내하고는!

고수장 : 흥, 넌 역시 계집이로구나. 어때, 고수장 한번 길들여 보지 않겠어? (그녀를 껴안으려 한다)

마리 : (　②　) 이것 놔!

고수장 : 야생마로군!

마리 : (격한 음성으로) 건드리기만 해봐라!

고수장 : 넌 도깨비 같은 계집이구나?

마리 : 마음대로 생각해요. 세상이란 어차피 매한가지니까.

장면 2

[저녁]

도시가 멀리 보인다

마리와 보이체크가 서 있다

마리 : 그러니까 저쪽으로 나가면 시내가 되는군요. 어두워졌어요.

보이체크 : 당신 조금 더 있어 줘야겠어. 이리 와 앉지.

마리 : 아니에요, 가야 해요.

보이체크 : 다리가 붓도록 달릴 필요도 없게 될 텐데, 뭘.

마리 : 당신도 참, 여전하시군요.

보이체크 : 우리가 만난 것이 정확히 얼마나 됐는지 알아, 마리?

마리 : 오순절이면 2년째에요.

보이체크 : 앞으로 얼마나 더 지속될지도 알고 있어?

마리 : 가 봐야겠어요. 저녁을 준비해야 해요.

보이체크 : 추워, 마리? 하지만 당신 몸은 따뜻하군. 입술도 뜨겁게 이글거리고 하지만 몸이 차가와지면 더는 추위도 모르게 되지. 당신 말이야, 아침 이슬을 맞아도 춥지 않게 될 거야.

마리 : 무슨 뜻이에요?

보이체크 : 아무 것도 아니야 (③   ).

마리 : 달이 붉게 떠오르네요.

보이체크 : 마치 피 묻은 낫 같군.

마리 : 당신 무슨 생각을 하고 있는 거예요? 프란츠, 당신 얼굴이 창백해졌어요. (보이체크가 단도를 꺼낸다) 그러지 말아요, 프란츠! 에그머니, 사…람 살려!

보이체크: 이거 받아, 받으라고! 너, 죽을 수 없다고? 자! 자! 하, 이게 아직
    움직이네, 아직도 안 죽었어, 아직도? 여전히 살아 있네? (④   )
    이제 죽었니? 죽어라! 죽어! (사람들이 몰려온다._____⑤_____)

장면 3
[거리]
아이들

아이 1: 가보자! 마리 아줌마래.
아이 2: 무슨 일이니?
아이 1: 너 아직 모르고 있구나? 사람들이 모두 저쪽으로 갔단 말이야. 거기
    어떤 여자가 쓰러져 있대!
아이 2: 어디 말이야?
아이 1: 저기 왼쪽 성벽 너머 숲속 붉은 십자가 옆에 있대.
아이 2: 어서 보러 가자. 늦으면 사람들이 시체를 치울 거야.

포리(捕吏)와 공의 그리고 판사
포리: 아름다운 살인입니다. 진짜 살인이에요. 멋진 살인이라고요. 그런 식으
    로 살인해 주십사고 부탁이라도 한 것처럼 멋들어져요. 이런 살인을 본 지
    도 꽤 오래된 것 같은데요.

백치와 아기 그리고 보이체크
칼: (아기를 무릎 위에 안고 있다) 그 남자가 물에 빠졌다. 그 남자가 물에 빠
    졌어, 그렇지? 그 남자가 물에 빠졌어.
보이체크: 아가, 크리스티안!
칼: (보이체크를 물끄러미 바라본다) 그 남자가 물에 빠졌어.
보이체크: (아기의 뺨을 쓰다듬어 주려 하나 아기가 얼굴을 돌리며 울음을 터
    뜨린다) 하나님 맙소사!
칼: (⑥   )

> 보이체크 : 크리스티안, 목마 사줄게. 자, 이리 와 봐. (아기가 계속 피한다. 칼
>   을 향해) 아기에게 목마 하나 사줘 (칼, 그를 물끄러미 바라본다).
> 보이체크 : 달려라, 달려, 백마야!
> 칼 : (기뻐서 소리친다) 달려라, 달려, 백마야, 백마! (어린애를 안고 달려 나간
>   다)

1. 위 장면들을 각각 산문으로 옮겨 적으세요.

〈장면 1〉

〈장면 2〉

〈장면 3〉

2. 괄호 안에 들어갈 적당한 지문 혹은 대사를 써보세요.

①

②

③

④

⑤

⑥

〈작품 2〉

　　옛날 옛적에 불쌍한 아이가 살았단다. 아빠도 엄마도 없었지. 모두 다 돌아가셨어. 이 세상에 살아있는 사람은 한 사람도 없었어. 모두가 죽었어. 그래서 그 아이는 절망한 나머지 밤낮으로 울었단다. 이 지구에는 아무도 없었기 때문에 그 아이는 하늘나라로 가려고 했지. 그러던 어느 날 달님이 그 아이를 친절하게 쳐다보질 않았겠니. 그 애는 마침내 달나라에 갔어. 그런데 달님은 다름 아닌 썩은 나무 조각이었대. 그래서 다음엔 햇님에게로 갔었지. 햇님한테 가 보니까 햇님은 시들어버린 해바라기였다는구나. 마지막으로 그 애는 별나라로 갔어요. 그런데 별나라는 황금모기들이었대. 이 황금모기들은 마치 때까치가 그것들을 찔레가시에다 꽂아 놓는 것 같은 그런 모양을 하고 있더래지 뭐냐. 그래서 그 애는 하는 수 없이 다시 지구로 돌아왔는데 지구는 엎질러진 요강이었어. 주위엔 여전히 아무도 없었고 그래서 아이는 주저앉아 엉엉 울었단다. 아직도 그 애는 그렇게 앉아 있대. 외롭게 혼자서 말이야.

　위 작품은 희곡 〈보이체크〉 속에 삽입되어 있는 할머니가 들려주는 동화이다. 이 동화는 일반 동화와는 달리 비극으로 끝을 맺는다. 이 동화가 비극임을 알려주는 단어나 구절을 모두 찾아내 적어보세요.